La ruée vers l'Europe

STEPHEN SMITH

La ruée vers l'Europe

La jeune Afrique en route
pour le Vieux Continent

ESSAI

J'AI LU

À Charlie et Anne

Introduction

Du haut des pyramides des âges…

L'histoire est en marche mais ses pas sont lents. Aux Jeux olympiques d'été à Londres, en 2012, le sportif le plus âgé était un cavalier japonais, Hiroshi Hoketsu. À soixante et onze ans, il s'était qualifié pour la troisième fois. La plus jeune participante, Adzo Kpossi, en lice pour les 50 mètres en nage libre, n'avait que treize ans et venait du Togo. Ni l'un ni l'autre n'a remporté une médaille mais, à eux deux, ils incarnaient les pôles opposés de la nouvelle géographie humaine du monde. Le senior olympique venait de la société qui, depuis le milieu des années 1970, est la plus vieille sur terre ; la junior, de l'un des pays au sud du Sahara où se concentre désormais la jeunesse mondiale. Qu'une Togolaise et un Japonais forment ainsi la base et la pointe de la pyramide des âges n'était donc pas entièrement fortuit. Pas plus qu'il n'est pur hasard que Londres soit devenue, peu après, la première capitale européenne à se choisir un maire musulman issu de l'immigration. En mai 2016, l'élection de Sadiq Khan, né sur le sol britannique après l'arrivée de ses parents pakistanais en 1970, a été une consécration cosmopolite pour les uns et, pour d'autres, la confirmation de leurs craintes de ne plus être « chez eux ». Il s'agit là de deux interprétations du fait que Londres compte aujourd'hui à peu près le même nombre d'habitants que dans les années 1950 mais que la composition de sa population a radicalement changé : il y a trois générations, la très grande majorité des Londoniens étaient nés de parents britanniques, eux-mêmes nés de parents britanniques ; à présent, plus de la moitié d'entre eux sont des immigrés de la première ou de la deuxième génération[1].

Bien souvent, la « géographie humaine » – sous son appellation plus courante de démographie – passe pour une invite à l'ennui. Par-delà les casse-tête statistiques et les « cohortes » d'âge, c'est une question d'échelle. Les changements démographiques s'accomplissent à un rythme trop lent pour affecter notre quotidien… jusqu'au jour où, frappés par l'évidence, nous nous rendons compte que « c'est arrivé, comme souvent, de façon imperceptible, à bien des égards d'un seul coup ». James Baldwin décrivit ainsi, en 1962, dans un pamphlet contre le racisme anti-Noirs aux États-Unis, la perplexité propre à un réveil en sursaut[2]. Deux ans plus tard, le candidat conservateur à la députation dans une petite ville de charbon et d'acier dans les Midlands anglais, à Smethwick, près de Birmingham, fit campagne avec le slogan *If you want a nigger for a neighbour, vote Liberal or Labor*. Ailleurs dans le Royaume-Uni, après treize années passées dans l'opposition, le Parti travailliste avait le vent en poupe et obtenait une confortable majorité. Mais à Smethwick, Peter Griffith l'emporta sur l'un des dirigeants travaillistes, Patrick Gordon Walker, qui était pressenti pour devenir ministre des Affaires étrangères. À l'époque, Smethwick semblait une anomalie locale, une flambée raciste erratique. Mais après le coup d'assommoir du vote britannique pour sortir de l'Union européenne en juin 2016, le nom de la ville sonne comme un avertissement ignoré du Brexit. Ce référendum ayant eu pour cible de choix « les Polonais », dont plus d'un million étaient arrivés en Grande-Bretagne dans les cinq années suivant l'entrée de leur pays dans l'Union européenne en 2004, il y a une leçon à en retenir : le racisme n'est qu'une forme parmi d'autres du refus de l'Autre. En 2016, Smethwick – de nos jours une ville où les « Britanniques blancs » ne représentent plus que 38 % de la population[3] – a plébiscité aux deux tiers le départ de l'UE. Parmi les raisons invoquées par ses immigrés de première ou de deuxième génération pour expliquer leur vote figuraient, dans l'ordre, la préférence accordée aux ressortissants de l'UE plutôt qu'aux membres du Commonwealth pour s'établir au Royaume-Uni ; le refus des commerçants et artisans locaux de la concurrence polonaise ; et l'opposition au néo-libéralisme « à la Thatcher » de l'Union européenne.

Que s'est-il passé en Grande-Bretagne en un demi-siècle, en gros le temps d'une vie adulte ? Lorsque Vidiadhar Surajprasad Naipaul, un brahmane hindou originaire de Trinité-et-Tobago, y est arrivé en 1950 pour poursuivre ses études, la plus importante métropole coloniale comptait environ 25 000 immigrés de couleur[4]. V.S. Naipaul avait alors dix-huit ans. En montant dans l'avion à Port-d'Espagne, il avait quitté les siens sans se retourner, les yeux rivés sur son ombre devant lui, « un nain dansant sur le tarmac ». En débarquant, il s'était juré : « Il faut que je montre à ces gens que je peux les battre à leur propre langue[5]. »

Mission accomplie en 2001, quand l'écrivain du déracinement libérateur – narré par lui comme une chance pour se « refaire » – se vit décerner le prix Nobel de littérature. Le Royaume-Uni comptait alors 4,6 millions d'immigrés de toutes origines, près de 8 % de sa population (selon l'estimation de *l'Office for National Statistics*, ils étaient 13,6 % en 2015). Est-ce beaucoup ou peu, déjà trop ou pas encore assez ? À chacun d'en juger. Mais c'est aux Britanniques, et à eux seuls, d'en décider. Comme il appartient aux Japonais de décider s'ils veulent rester un pays dont seulement 1,5 % des habitants sont nés à l'étranger ; ou aux Américains s'ils veulent continuer d'accueillir « les fatigués et les pauvres » de la Terre, les « masses qui aspirent à vivre libres » et le « rebut des rivages surpeuplés », comme le proclame le poème d'Emma Lazarus gravé dans le socle de la Statue de la Liberté. Pour ma part, dans la rédaction de ce livre, je ne partirai d'aucun a priori – ni « homogénéité » ni « métissage » – comme étant un idéal sinon un impératif moral. Je ne ferraillerai pas avec les Japonais pour leur désir apparent de rester « entre eux », pas plus que je n'exalterai le choix des Américains d'embrasser la diversité, si c'est encore le cas. Je n'enquêterai pas non plus pour savoir si les migrants africains dont je parle fuient la violence et l'arbitraire de leurs pays, la pauvreté ou le manque d'opportunités pour mieux vivre. Enfin, je ne ferai pas la différence entre migrants légaux et illégaux au-delà du simple constat, ni entre migrants économiques et demandeurs d'asile[6]. Non que ces questions ou distinctions ne soient pas importantes – au contraire, elles tranchent souvent le fil du destin et forment la chaîne et la trame d'un débat que je crois essentiel. Cependant, mon propos ici n'est pas de polariser davantage ce débat mais de l'informer et de fournir une base factuelle sur laquelle chacun pourra ériger sa tribune politique. Plus précisément, je cherche à évaluer l'importance du réservoir migratoire que constitue l'Afrique et, dans la mesure où il est possible de le prédire, de quelle magnitude seront les flux susceptibles de se diriger vers l'Europe et à quelle échéance. Ce qui me ramène à V.S. Naipaul. Il n'est arrivé à Londres ni en « envahisseur menaçant » ni en « victime innocente ». Il est venu en bâtisseur d'avenir, en pionnier armé de la force de son caractère pour « aller plus loin » ; il a quitté son pays natal pour s'établir au Royaume-Uni, un pays qui était alors déjà « fait », c'est-à-dire qui s'était formé à travers une longue histoire en s'adaptant constamment. Comme nous venons de le voir, la terre d'accueil aussi bien que le nain brahmane étaient appelés à changer dans ce que l'on peut décrire soit comme leur « rencontre postcoloniale », dans l'ombre portée de l'expansionnisme britannique, soit comme leur « rencontre migratoire » dans le cadre de la mondialisation accélérée en cours. Les deux perspectives sont complémentaires. Selon les cas et les besoins d'analyse, j'adopterai l'une ou l'autre.

Trois scènes clés définissent la migration internationale : la première est une scène d'abandon, qui voit un habitant quitter son pays dans un sauve-qui-peut ou en traduisant dans les faits un plan dont il est souvent difficile de dissocier la part de contrainte et la part d'opportunisme ; la deuxième scène – l'épreuve – transforme ce fugitif en héros, tragique ou triomphant, quand il affronte des obstacles lui barrant la route vers une terre d'élection ; enfin, la troisième scène, celle de la réintégration, est un pari engagé par le migrant et ses futurs concitoyens, qui doivent trouver un terrain d'entente qui soit « habitable » pour tous. L'acte migratoire n'est pas consacré par l'arrivée. Son succès ou son échec ne peut être établi qu'à terme variable, parfois seulement à la deuxième, voire la troisième génération, car il engage l'immigrant et ses descendants autant que le pays qui devient ou est le leur, plus ou moins.

L'Afrique, le Mexique de l'Europe

Ce livre explore la géographie humaine de l'Afrique, notamment au sud du Sahara. Il dresse un tableau vivant du continent voisin de l'Europe et débouche sur une conclusion susceptible de soulever passions et polémiques : la jeune Afrique va se ruer vers le Vieux Continent, cela est inscrit dans l'ordre des choses comme l'était, vers la fin du XIXe siècle, la « ruée vers l'Afrique » de l'Europe. Seulement, cette fois, l'initiative émane du peuple, le *demos* en route pour redessiner la carte du monde alors que l'impérialisme européen fut d'abord le projet d'une minorité influente – en France, du « parti colonial » – qui sut entraîner l'État et la société. À la fin du XIXe siècle, les pauvres ou opprimés du Vieux Continent partaient massivement en Amérique, et non pas en Afrique. À l'aune démographique, le colonialisme européen en Afrique fut un échec, y compris dans les rares colonies de peuplement. En 1930, le nombre des Européens sur le continent africain originaires des principales métropoles coloniales – Grande-Bretagne, France, Portugal et Belgique – était inférieur à 2 millions, soit 2 % de la population de ces quatre pays, et moins de 1 % de la population africaine à ce moment[7]. En revanche, comme nous allons le voir, l'actuel « repeuplement de la Terre à la faveur de nouveaux cycles de circulation des populations » (Achille Mbembé) s'annonce comme un grand succès populaire.

Voici, à grands traits, le raisonnement qui va être développé dans les chapitres ci-après. En 1885, au sortir de la conférence de Berlin qui fixa les règles du partage colonial de l'Afrique, l'Europe, forte de sa science, de son industrialisation et de ses armées modernes, était le continent le plus développé ; il comptait alors – sans la Russie – quelque 275 millions d'habitants. L'Afrique, six fois et demie plus vaste mais peuplée seulement d'environ 100 millions d'habitants, était la partie du monde la plus démunie d'un point de vue matériel et technologique. L'intérieur du continent, longtemps difficile d'accès du fait de l'immensité du Sahara, de la force des alizés et du paludisme, « le plus redoutable gardien des secrets de l'Afrique », selon l'explorateur arabe Ibn Battuta, était à peine cartographié. À une époque où « régner sur la Terre » s'entendait au sens littéral, époque où la foi chrétienne et le culte du progrès hérité des Lumières étaient ardemment prosélytes, où tous les autres continents étaient déjà conquis et où des territoires longtemps fermés, comme le Japon, avaient été ouverts de force au « libre-échange », il eût fallu un concours de circonstances tout à fait exceptionnel pour que l'Afrique échappe à la mainmise européenne.

Il serait tout aussi étonnant que l'Europe ne soit pas concernée au premier chef par le prochain rouleau des vagues migratoires qui se répandent à partir des zones les moins développées du monde. Entre 1960 et 2000, les flux entre les pays du Sud et ceux du Nord se sont accélérés, et le nombre total des migrants Sud-Nord a triplé, passant de 20 à 60 millions de personnes[8]. Sauf à partir du Maghreb et, principalement, à destination de la France, l'Afrique, tout juste indépendante, n'a pas joué un rôle important dans ces vagues de migration en provenance, surtout, d'Asie et d'Amérique du Sud. L'Afrique subsaharienne était encore trop pauvre et trop à l'écart. Elle est toujours relativement démunie : en 1960, un peu plus de la moitié de sa population vivait dans la pauvreté absolue, aujourd'hui c'est un peu moins de la moitié, selon la Banque mondiale. Cependant, entre-temps, la population au sud du Sahara a plus que quadruplé, passant de 230 millions en 1960 à un milliard en 2015. Elle est aussi de plus en plus en phase avec le reste du monde, auquel elle est désormais « connectée » par des chaînes de télévision satellitaires, le téléphone portable – la moitié des pays ont déjà accès à la 4G, propice au *streaming* et au téléchargement de vidéos ou de grandes quantités de données – ou encore par Internet, via des câbles sous-marins de fibre optique. Enfin, de cet océan de pauvreté, une classe moyenne est en train d'émerger. Quelque 150 millions de consommateurs africains disposent à présent d'un revenu quotidien entre cinq et vingt dollars ; ils sont poussés dans le dos par plus de 200 millions d'autres, dont le *per diem* oscille entre deux et cinq dollars. Bref, un nombre rapidement croissant d'Africains sont « en prise directe » avec le reste du monde et peuvent réunir les moyens nécessaires pour aller chercher fortune ailleurs.

Cette situation rappelle celle du Mexique au milieu des années 1970. Auparavant, la grande masse des Mexicains était trop démunie pour émigrer et seulement un million d'entre eux avaient traversé le Rio Grande pour s'installer aux États-Unis. Mais à la faveur d'un début de prospérité dans leur pays, de plus en plus de Mexicains ont franchi le pas. Entre 1975 et 2010, 10 millions d'entre eux ont – légalement ou illégalement – émigré en Amérique. En tout, avec leurs enfants nés sur place, ils ont formé en trente-cinq ans une communauté de plus de 30 millions de Mexicains-Américains, soit près de 10 % de la population américaine. Si les Africains suivaient leur exemple d'ici à 2050, le dernier leitmotiv en date de l'afro-optimisme – *Africa Rising*[9] – serait à prendre au pied de la lettre ; à la suite d'une levée en masse en Afrique, l'Europe compterait entre 150 et 200 millions d'Afro-Européens, des migrants et leurs enfants (par rapport à 9 millions aujourd'hui). Dans un peu plus de trente ans, entre un cinquième et un quart de la population européenne serait alors d'origine africaine[10].

Hypothèse fantaisiste ? Racolage sensationnaliste ? L'histoire n'est jamais écrite d'avance, les précédents peuvent être trompeurs et les projections démographiques varier dans des proportions significatives, de même que l'ampleur et la durée des migrations. Du reste, l'Europe ne sera peut-être pas *la* destination des Africains au sens quasi exclusif où l'étaient les États-Unis pour les Mexicains. Comparaison est d'autant moins raison ici que l'Afrique n'est pas « un pays » voisin de l'Europe et que la Méditerranée représente un obstacle naturel plus redoutable à franchir que le Rio Grande. Cependant, a contrario, la population américaine était, en 1975, trois fois et demie plus nombreuse que celle du Mexique – 60 millions d'habitants – et demeure à ce jour deux fois et demie plus importante, bien que la population mexicaine ait entre-temps doublé ; par conséquent, et quand bien même l'on tiendrait compte de *toute* l'Amérique latine avec ses quelque 600 millions d'habitants actuels, la pression migratoire sur les États-Unis a été beaucoup plus faible que celle qui va s'exercer sur l'Europe. Aujourd'hui, 510 millions d'Européens vivent au sein de l'UE (le Royaume-Uni toujours inclus) et 1,3 milliard d'Africains sur le continent voisin. Dans trente-cinq ans, ce rapport sera de l'ordre de 450 millions d'Européens pour quelque 2,5 milliards d'Africains, soit cinq fois plus ; par ailleurs, la population européenne aura continué de vieillir dans l'intervalle alors que, en 2050, les deux tiers des Africains auront toujours moins de trente ans. En somme, il y aura un Européen plutôt âgé, proche de la cinquantaine, pour trois Africains dont deux dans la fleur de l'âge.

Un stress test *entre générations*

Le « jeunisme » de l'Afrique subsaharienne – un effet rémanent de la croissance démographique sans précédent que cette partie du monde a connue depuis l'entre-deux-guerres – occupe une place centrale dans ce livre. Actuellement, plus de 40 % de la population africaine a moins de quinze ans[11]. Il s'agit là d'une donnée fondamentale, qui est difficile à appréhender dans toutes ses implications. En effet, les multiples retombées d'une pyramide des âges où quatre habitants sur dix sont des enfants ou de jeunes adolescents sont aussi inattendues qu'il est ardu de s'imaginer concrètement une vie, au jour le jour, avec un ou deux dollars pour faire la soudure entre le réveil et le coucher. En France, pourtant un pays démographiquement « vital » dans une Europe qui l'est de moins en moins, la proportion des 0 à 14 ans n'atteint pas 20 %, soit la moitié. Au sud du Sahara, quatre habitants sur dix n'étaient pas encore nés quand les tours du World Trade Center se sont effondrées en 2001 ; huit sur dix à la chute du mur de Berlin en 1989. Du fait de la moyenne d'âge très basse en Afrique subsaharienne, le vécu collectif y ressemble à un présent laminé par le rouleau compresseur des naissances. L'âge du droit de vote étant fixé à dix-huit ans ou plus dans 53 des 54 pays africains, l'avenir collectif est loin d'être l'affaire de tous. À tout moment, la moitié de la population est exclue des urnes et, le temps que cette moitié accède à la majorité électorale, une nouvelle moitié privée du droit de vote est née dans l'intervalle. De ce fait, la démocratie semble être davantage un privilège d'âge qu'un droit majoritaire.

Cette renaissance continuelle de l'Afrique subsaharienne affecte tous les domaines de la vie en commun, la question de paix ou de guerre autant que les chances de démocratisation, l'économie et le marché de l'emploi, l'éducation, la culture ou, encore, la santé publique. Par exemple, si les deux tiers des séropositifs dans le monde sont des Subsahariens, tout comme les deux tiers des enfants-soldats, ce n'est pas parce que le sida serait un « mal africain » ou la tentation des armes tellement plus grande au sud du Sahara. L'explication en est plutôt la forte proportion des jeunes qui, en général, sont sexuellement plus actifs et moins prudents que leurs aînés, surtout quand ils « trompent » la mort déjà de mille autres manières ; en l'absence d'alternatives plus paisibles, certains d'entre eux grossissent les rangs des supplétifs de ce que le Moyen Âge européen appelait la « guerre guerroyante », soit la guerre pour la guerre comme mode de vie ou de survie.

La pyramide des âges à base très élargie – en anglais, le terme *youth bulge*[12] est souvent employé – érode le droit d'aînesse ou « principe de séniorité », traditionnellement l'une des règles sociales fondamentales au sud du Sahara. Il s'agit de la prime de prestige, de privilège et d'autorité qui est accordée, *ipso facto,* aux « vieux », c'est-à-dire à ceux – surtout les hommes – ayant vécu assez longtemps pour se constituer une large parentèle, accéder à des postes de commande et accumuler, outre des biens matériels, cette forme de savoir conférée par l'expérience de la vie que l'on appelle sagesse. « En Afrique, selon l'image d'Amadou Hampâté Bâ, quand un vieillard meurt, c'est une bibliothèque qui brûle. » Mais c'est aussi un « gérontocrate », accapareur d'opportunités aux dépens des jeunes et des femmes, qui cède enfin sa place. D'où la vive tension dans l'Afrique contemporaine entre les « anciens » et les « modernes », les tenants d'un monde censément stable mais sûrement injuste, d'un côté, et, de l'autre, les partisans d'un monde plus égalitaire qui, à bout de frustration, risquent de « casser la baraque ».

À l'égard des deux majorités au sud du Sahara qui sont minorées dans leurs droits, à savoir les jeunes et les femmes, le contrat social est frappé d'iniquité. Or, cette multitude n'attend plus patiemment son tour pour accéder à davantage de pouvoir et de prospérité. Par la force des armes ou par le bulletin de vote aussi bien que par de nouvelles formes digitales de savoir ou de nouveaux articles de foi, que celle-ci soit pentecôtiste ou islamique, sinon millénariste ou islamiste, les « cadets sociaux » tentent de s'émanciper. S'ils réussissent, ils vont déloger leurs aînés. En cas d'échec, ils vont chercher à partir là où ils pourront enfin devenir « grands ». Quoi qu'il advienne, la reproduction morale de l'Afrique est déjà en panne. Quand bien même ils seraient tous de « vieux sages », les 5 % d'Africains âgés aujourd'hui de plus de soixante ans ne sont pas assez nombreux pour transmettre leurs normes et valeurs à la masse des jeunes. Dans les bidonvilles au sud du Sahara, neuf habitants sur dix ont moins de trente ans et seulement leurs pairs comme mentors dans une vie de débrouille. Vaisseaux capillaires de la mondialisation, ces jeunes sont « branchés » sur le monde extérieur par tous les moyens modernes de communication, auxquels leurs aînés ne comprennent pas grand-chose. Ils exacerbent ce que Jean-François Bayart a indexé comme l'« extraversion » historique de leur continent[13]. Au pied de la lettre, ils sont aliénés.

Entre les générations, l'asymétrie numérique et le renversement de perspectives se conjuguent pour favoriser le déracinement. La « culture ancestrale » de l'Afrique n'est plus guère à la fête que dans des festivals subventionnés par les bailleurs de fonds extérieurs qui, le reste du temps, font tout pour la dissoudre dans l'universel. Les Africains « mondialisés » s'évadent grâce à la parabole ou la Toile. Leur « vraie » vie se situe ailleurs bien avant que leur corps ne se mette en route vers le rêve à leur portée : le chef-lieu le plus proche, une ville de province, la capitale, une métropole régionale dans un pays voisin mieux loti, enfin l'Europe, l'Amérique, la Chine… Au Togo, qui compte près de 8 millions d'habitants, un adulte sur trois a tenté sa chance à la loterie américaine des permis de résidence – 55 000 *green cards* par an, pour le monde entier – qui sont offerts aux « candidats à la diversité »[14]. À l'échelle du continent, selon une enquête de l'Institut Gallup de 2016, 42 % des Africains âgés de quinze à vingt-quatre ans, et 32 % des diplômés du supérieur, déclarent vouloir émigrer[15]. En 1997, le correspondant en Afrique du *Washington Post*, Keith Richburg, fit scandale en se félicitant dans son livre *Out of America, A Black Man Confronts Africa* de la déportation de ses aïeuls africains vers le Nouveau Monde où, malgré tout, il avait pu réussir. Ultime provocation, il s'était demandé en quel temps record un navire négrier dans un port ouest-africain se remplirait de volontaires au départ. Moins de vingt ans plus tard, des Africains s'entassent dans de frêles esquifs pour franchir la Méditerranée à leurs risques et périls.

L'Afrique noire n'est pas encore partie

Un afflux exceptionnel peut en cacher un autre, plus structurel. 2015 a été une année record pour la migration vers l'Europe du fait des déracinés par les guerres en Syrie, en Iraq et en Afghanistan. Selon Frontex, l'organisme chargé du contrôle des frontières communautaires, 1,8 million de personnes sont entrées dans l'Union européenne, dont un million en traversant la Méditerranée ; parmi ces migrants, 200 000 seraient venus de l'Afrique, le double selon l'Organisation internationale pour les migrations (OIM). Sauf pour les Somaliens et Sud-Soudanais, originaires de pays en crise existentielle, ou les Érythréens, victimes d'une dictature féroce, ces Africains ne fuyaient qu'exceptionnellement un danger de vie imminent, une répression systématique ou la famine ; le plus souvent, ils étaient à la poursuite d'une meilleure vie pour eux-mêmes et leurs enfants. Le nombre des migrants africains n'a d'ailleurs pas connu de fortes variations avant ou après cette spectaculaire « crise des réfugiés ». En 2016, alors que le total des migrants cherchant à gagner l'Europe via la Méditerranée était retombé à un tiers du volume de 2015, d'un million à 360 000, le seul nombre des Africains passant par la voie maritime « centrale », pour la plupart d'entre eux à partir de la Libye, a augmenté de 20 %, atteignant 180 000 personnes[16]. Ce qui correspond aux arrivées annuelles documentées par toutes les voies d'accès depuis une décennie. En effet, depuis 2007, 2 millions d'Africains sont entrés en Europe, soit en moyenne 200 000 par an. Selon l'OIM, ces 2 millions se sont ajoutés à un « stock » de migrants africains en Europe qui était estimé en 2016 à 9 millions au total. Ils avaient été moins de 900 000 en 1960, l'année de référence pour les indépendances africaines, puis 3 millions en 1997, dont les deux tiers étaient alors des Maghrébins.

Depuis les années 1990, trois tendances lourdes ont été observées. D'abord, la part du Maghreb diminue dans les flux migratoires partant de l'Afrique, les pays méditerranéens du continent étant sur le point d'achever leur transition démographique, c'est-à-dire de passer de familles nombreuses et d'une faible espérance de vie à des familles plus restreintes avec une espérance de vie plus longue ; en revanche, la part de l'Afrique subsaharienne augmente à mesure de son poids démographique grandissant – désormais un milliard de personnes au sud du Sahara contre 300 millions au nord. Ensuite, le pourcentage des Africains migrant *à l'intérieur* de leur continent, en s'installant dans un pays africain plus prospère que le leur, perd du terrain par rapport au nombre de ceux quittant le continent : entre 1990 et 2013, les départs du continent se sont multipliés par six alors que les changements de résidence à l'intérieur de l'Afrique ont seulement triplé[17]. Enfin, la destination des flux migratoires partant de l'Afrique a tendance à se diversifier, la « rencontre postcoloniale » du fait d'une installation en France, en Grande-Bretagne, en Belgique ou au Portugal cédant le pas à la migration « globale » vers l'Europe dans son ensemble et, au-delà, aux États-Unis, au Canada ou encore en Chine ou dans les pays du Golfe.

Selon une étude des Nations unies publiée en 2000, l'Union européenne devrait accueillir près de 50 millions d'immigrés à l'horizon de 2050, soit un million par an, pour simplement stabiliser le nombre de ses habitants[18]. Dans cette hypothèse, le vieillissement de sa population se poursuivrait néanmoins, et le nombre des actifs couvrant les besoins d'un dépendant – retraité ou mineur – passerait de 4,3 à 2,2. Si le but était de stabiliser la population *active* dans l'UE, soit tous ceux âgés entre quinze et soixante-quatre ans, le total des immigrés à faire venir s'élèverait à 80 millions, soit 1,6 million par an. Même après le raz de marée de 2015, l'Europe n'est pas préparée à des arrivées de cet ordre. L'immigration reste un champ de mines politique, aussi bien en amont – par rapport au contrôle des frontières et aux règles d'admission – qu'en aval, par rapport aux modèles d'intégration. Pour les uns, par exemple la Pologne qui entend défendre des États « ethniquement homogènes[19] », le seuil de tolérance est depuis longtemps dépassé et la « forteresse Europe » une question de survie ; pour d'autres, notamment l'Allemagne, l'« accueil » est un impératif catégorique et toute tentative de le conditionner s'assimile à une faute morale, à de la xénophobie – *Fremdenfeindlichkeit* (même si cette position semble en perte de vitesse depuis le recul électoral d'Angela Merkel en septembre 2017 ; la chancelière allemande se garde aujourd'hui de répéter qu'il ne devrait y avoir aucun « plafond » – *Obergrenze* – à l'immigration). Quant aux partisans d'un « débat dépassionné », ils font valoir que le vieillissement des populations européennes ne pourra être compensé, en vue de maintenir le niveau de vie actuel, que grâce à des « bras » et des « cerveaux » venant d'ailleurs. Si leur point de vue semble plus rationnel, ne serait-ce qu'en dépassant le manichéisme du tout ou rien, il pose cependant, lui aussi, des problèmes. D'abord, il faut tenir compte du regroupement familial. Compte tenu de la taille moyenne des familles africaines, cela détériorera de nouveau ledit ratio entre actifs et dépendants par le nombre accru des mineurs à scolariser, soigner et former. Ensuite, le « taylorisme biopolitique », qui découpe les humains en morceaux, fait le jeu du patronat. Celui-ci réclame des bras et des cerveaux pour ses usines, bureaux et laboratoires, mais ce sont des hommes et des femmes qui arrivent et s'attendent à trouver leur place – toute leur place – au sein de la société dite « d'accueil ». Qui en assume les surcoûts, des cours de langue aux aides au logement en passant par les stages de reconversion ? Paradoxalement, la gauche ne voit pas d'inconvénient à imputer ces « externalités négatives » aux contribuables. Elle serait plus cohérente avec elle-même en imposant aux employeurs une taxe pigouvienne, du nom de l'économiste britannique Arthur Cecil Pigou (1877-1957), le premier à proposer une taxe correctrice des coûts de production nationalisés.

« La migration a été politisée avant d'avoir été analysée », constate Paul Collier, professeur à l'université d'Oxford, codirecteur du Centre d'études des économies africaines et auteur d'un ouvrage sur le sujet, *Exodus : How Migration is Changing Our World*. Il y regrette que le débat erre entre Charybde et Scylla – la porte close ou le droit de s'installer où l'on veut – au lieu de chercher une voie navigable entre les monstres marins grâce à une *politique* d'immigration. Si la venue d'étrangers était la Némésis souvent décrite, comment des pays comme l'Amérique ou l'Australie auraient-ils pu bâtir leur prospérité ? A contrario, si l'immigration était la seule planche de salut pour des sociétés vieillissantes, comment le Japon s'en sortirait-il sans apports extérieurs ? Collier estime que la liberté inconditionnelle de s'établir où l'on veut est « *the stuff of teenage dreams* », la matière dont sont faits les rêves adolescents. À la limite, elle amènerait le monde entier à s'installer dans un seul pays, celui offrant les meilleures opportunités, la plus grande richesse au présent et le meilleur espoir pour l'avenir. Or, selon Collier, l'angle mort de cette utopie se révèle à l'idée que les nantis de la Terre décideraient « librement » de s'installer dans le tiers monde. Ne crierait-on pas au retour du colonialisme ?

Au royaume du faux

Jusqu'au début du XXIe siècle, l'Europe a ignoré son déclin démographique et les défis qu'allait lui poser le vieillissement rapide de ses populations, quitte à nier l'évidence. Le renversement de la pyramide des âges en Italie, en Allemagne, en Espagne et en Grèce, des pays où le nombre des personnes âgées de plus de soixante ans dépasse celui des moins de vingt ans pour la première fois dans leur histoire, n'a retenu l'attention que de quelques démographes à l'affût, parmi lesquels, notamment, Jean-Claude Chesnais, Jean-Claude Chasteland et Herwig Birg. En mars 2000, quand les chefs d'État ou de gouvernement de l'Union européenne se sont réunis à Lisbonne afin d'arrêter leur stratégie commune pour la décennie à venir, ni la démographie ni les tensions montantes autour de l'immigration n'ont figuré à leur ordre du jour. Qu'ils n'aient pas perçu cet enjeu peut d'autant plus étonner que la capitale de l'UE, Bruxelles, est l'une des villes européennes accueillant le plus d'immigrés. Dès 2000, la moitié des enfants nés à Bruxelles était des enfants de parents immigrés et les musulmans représentaient un quart de ses habitants de moins de vingt-cinq ans[20]. Mais les politiques n'étaient pas les seuls à être inattentifs. Ceux qui nourrissent d'ordinaire le débat public de leurs réflexions, des « faiseurs d'opinion » dans les médias au monde académique, laissaient également le malaise social autour de l'immigration à l'extrême droite et aux mouvements populistes naissants. Entonnoirs identitaires, les réseaux sociaux répandaient ce malaise sans que l'élite dirigeante en prenne note. Les premiers cris d'alarme, pour le coup d'une stridence crépusculaire, ont été lancés par des Américains. Le 15 juin 2005, dans le *Washington Post*, Robert J. Samuelson annonçait « *the end of Europe* », à court d'enfants et de croissance économique. Deux ans plus tard, Walter Laqueur publiait un livre sous le titre *The Last Days of Europe. Epitaph for an Old Continent.* Comme Bruce Bawer en 2006, il liait le déclin démographique de l'Europe surtout au « défi » que l'islam fondamentaliste allait poser au Vieux Continent, qui « tolérait l'intolérance »[21].

La géographie humaine de l'Afrique n'a pas non plus retenu l'attention qu'elle méritait. Au-delà du constat d'évidence d'une explosion démographique sur le continent voisin de l'Europe, elle n'a guère aiguisé la curiosité et inspiré des recherches. À titre d'exemple, la bibliographie remise aux doctorants de la School of Advanced International Studies (SAIS) de l'université Johns-Hopkins à Washington D.C., pour circonscrire les connaissances d'un futur spécialiste de l'Afrique, liste 212 ouvrages relatifs à l'économie, 63 traitant de questions ethniques et 34 relevant du domaine religieux – mais seulement deux titres ayant trait à la démographie[22]. Certes, depuis le début des années 1990 et l'enrôlement massif d'enfants-soldats au cours d'une décennie marquée par de nombreuses guerres en Afrique, « les jeunes » sont devenus un passage obligé dans la littérature consacrée au continent par les agences des Nations unies, les grandes fondations et de nombreuses ONG. Mais le propos s'y perd souvent dans de bonnes intentions confuses : si presque tout le monde au sud du Sahara est jeune, peut-on y apporter une solution aux problèmes en montant des « projets ciblant la jeunesse » ? C'est une contradiction dans les termes. La moitié des 1,3 milliard d'Africains ne constitue pas une « cible » mais un gouffre à fonds perdus.

Plus récemment, des publications ont défriché le terrain démographique en Afrique. En France, Jean-Michel Severino et Olivier Ray, dès 2010 dans *Le Temps de l'Afrique,* puis Serge Michaïlof en 2015 dans *Africanistan* ont vaillamment abordé la pyramide africaine des âges : les premiers par l'adret, avec l'espoir que le continent bénéficiera d'un « dividende démographique » quand ses nombreux jeunes trouveront du travail rémunéré ; le dernier par l'ubac, dans la crainte que cela n'arrive pas de sitôt et que « l'Afrique en crise se retrouve dans nos banlieues », pour reprendre le sous-titre de son livre. Aux États-Unis, l'ouvrage publié en 2015 par Marc

Sommers, *The Outcast Majority : War, Development, and Youth in Africa,* a enrichi d'un long travail de terrain les perspectives sur le sujet. Enfin, de son côté, Moussa Mara, qui avait été en 2014 le plus jeune Premier ministre que le Mali ait connu, a placé l'enjeu démographique au cœur de son ouvrage *Jeunesse africaine, le grand défi à relever,* paru en 2016. Quitte à toucher un tabou, il s'y est déclaré favorable à des politiques de contrôle des naissances en calculant qu'avec un taux de croissance démographique constant de 3 %, il faudrait que l'économie malienne croisse de 7 % pendant dix-huit années pour que le PIB per capita double[23]. Autrement dit, le Mali, dont le PIB par tête d'habitant était de 675 dollars en 2015, mettrait plus d'un siècle pour atteindre l'*actuel* niveau de vie per capita en France, qui est de 44 000 dollars.

Le point de départ de mon raisonnement est le suivant : si parler d'un « jeune Africain » s'assimile presque à un pléonasme au sud du Sahara, la géographie humaine revêt une importance capitale pour la compréhension de l'Afrique contemporaine. Bien sûr, la clé démographique n'est pas un passe-partout. Mais la pauvreté persistante, les luttes politiques et les conflits armés en Afrique, les enjeux économiques, la montée des extrémismes religieux, les défis sanitaires, éducationnels et environnementaux, le *stress test* entre les générations et, également, la « ruée vers l'Europe » qui est annoncée dans ce livre, tout cela s'inscrit dans la matrice qu'est l'exceptionnelle jeunesse de l'Afrique, notamment subsaharienne, dans un monde globalement grisonnant. À ce titre, ce livre invite à un tour d'horizon de l'Afrique, abordée comme « l'île-continent de Peter Pan ».

Au préalable, une précision s'impose. Sur un continent où l'état civil est le plus « failli » de tous, où le pays le mieux organisé dans ce domaine – l'Afrique du Sud – n'enregistre (si c'est vrai) que huit naissances ou décès sur dix[24], où les premiers recensements à peu près fiables datent des années 1950 (au Tchad, le premier comptage de la population n'a eu lieu qu'en 1993), avancer des chiffres est un exercice périlleux et en citer à la virgule près une preuve d'incompétence. Par exemple, le Ghana a révisé son PIB à la hausse de 63 % en 2010 ; le Nigeria le sien de 89 % en 2013 et le Kenya s'est ajouté 25 % en 2014, un petit quart modeste… Du coup, toutes les statistiques économiques ont fait du yo-yo. De même, quand les médias rapportent le nombre de réfugiés en Afrique, il faudrait se rappeler que ces déplacés ne comptaient pas même quand ils étaient encore tranquillement chez eux[25]. Et que dire du nombre de morts dans une guerre africaine, sinon qu'il est fatalement le résultat d'un coefficient plus ou moins arbitraire ? L'économiste en chef de la Banque mondiale, Shanta Devarajan, s'est désolé de « la tragédie statistique de l'Afrique ». Chaque fois qu'une donnée chiffrée y est brandie comme une preuve irréfutable, on devrait se remémorer le superlatif du travestissement : des mensonges, de sacrés mensonges, des statistiques…

Avec une foule d'exemples à l'appui, l'économiste Morten Jerven a écrit tout un livre – *Poor Numbers : How We Are Misled by African Development Statistics and What to Do About It* – pour mettre au jour les fondements fragiles sur lesquels sont bâtis les temples statistiques en Afrique[26]. Il n'y a rien à ajouter à sa démonstration, sinon que le royaume du faux est seulement une province dans le vaste empire de la mauvaise foi. Ainsi, alors que c'est déjà une gageure d'établir qui vit sur quel budget journalier en Afrique, la Banque africaine de développement (BAD) a-t-elle défini en 2011 la classe moyenne du continent comme comprenant tous ceux disposant de 2 à 20 dollars par jour, soit 327 millions d'Africains – un tiers de la population entre Tanger et Le Cap[27]. Ah, la bonne nouvelle ! Bien sûr, quand on sait que les deux tiers de ces nantis présumés gagnent entre 2 et 5 dollars par jour et que, nulle part ailleurs dans le monde, leur pouvoir d'achat ne serait considéré comme un ticket d'entrée dans une classe moyenne digne de ce nom, l'on comprend vite que statistique rime ici avec politique. Au fil des chapitres, nous verrons que c'est une allitération assez banale.

Alors, que faire ? Dans ce livre, toutes les données chiffrées – nombreuses – ont été recherchées avec soin et sont citées de bonne foi, mais seulement comme ordres de grandeur et points de comparaison. Elles servent à étalonner le réel sans nourrir l'illusion d'une exactitude qui n'est pas à leur portée.

I

La loi des grands nombres

Pour l'Afrique au sud du Sahara, la donne démographique bascule dans l'entre-deux-guerres. Les principaux colonisateurs – britanniques et français – entreprennent alors la « mise en valeur » de leurs possessions subsahariennes. Les Britanniques adoptent le *Colonial Development and Welfare Act* en 1940, les Français ne se donnent les moyens de leur politique qu'en 1946, par la création du Fonds d'investissement pour le développement économique et social (FIDES). Mais le grand dessein du « développement » est né dès les années 1930. Il tiendra le haut du pavé pendant la guerre froide, à tel point que le terme semble dater de cette époque alors qu'il s'agit d'un héritage colonial. Frederick Cooper, l'historien ayant mis en évidence la « bascule » que fut l'entre-deux-guerres, parle de *developmental colonialism* et note qu'il ne traduisait pas seulement la volonté d'intensifier l'exploitation des colonies, mais aussi un recadrage de la « mission civilisatrice ». La tutelle exercée sur des populations « différentes » était dorénavant justifiée par l'objectif de les faire sortir du sous-développement. Les colonisateurs commençaient à être sur la défensive. En fixant le cap sur l'émergence matérielle de leurs « sujets », ils cherchaient à se redonner bonne conscience. De fait, la dotation d'infrastructures de base et, en particulier, ce que l'on appellerait aujourd'hui une politique de « santé globale », allaient amorcer la plus forte croissance démographique dans l'histoire de l'humanité[1].

À la veille de la Seconde Guerre mondiale, la géographie humaine de l'Afrique arrive ainsi à un tournant séparant clairement un « avant » et un « après ». Avant, aussi loin que l'on puisse remonter dans le passé, la population africaine ne croissait que très faiblement, si elle ne stagnait pas du fait des deux cataclysmes démographiques que furent, d'abord, les traites négrières, puis, à la fin du XIXe siècle, la « rencontre coloniale » ; après, c'est la plus fulgurante croissance de population jamais connue, qui aboutira à une multiplication par seize du nombre d'Africains entre 1930 et 2050. À titre de comparaison, le coefficient multiplicateur pour la population française – 41,5 millions en 1930 – est de 1,7, ce qui aboutira à 70 millions de Français en 2050. Si la population française suivait la courbe subsaharienne, l'Hexagone compterait dans une trentaine d'années plus de 650 millions d'habitants, la moitié de la Chine actuelle.

Avant le grand tournant, le nombre d'habitants au sud du Sahara n'a crû en quatre siècles, entre 1500 et 1900, que de 20 %, passant d'environ 80 à 95 millions ; pendant la même période, la population européenne, comme celle de la Chine, ont quintuplé. Pourquoi ce décalage ? Il y a de nombreuses raisons – la faible densité de population au sud du Sahara, les techniques agricoles rudimentaires, les maladies tropicales, le niveau d'hygiène, la mortalité infantile et maternelle... – mais une seule est de nature à expliquer une stagnation multiséculaire dans un ensemble aussi vaste et malgré la diversité de ses écosystèmes et gouvernances politiques : les traites négrières.

La déportation pendant plus d'un millénaire, en gros entre le VIIe et le XIXe siècle, de quelque 28 millions d'Africains, vendus comme esclaves, constitue un traumatisme démographique majeur pour la partie subsaharienne du continent. Des hommes et, dans une moindre mesure, des femmes et des enfants furent arrachés à leurs terres et leurs communautés, victimes de quatre traites : celle intérieure à l'Afrique ; la traite transsaharienne à destination des pays du pourtour méditerranéen ; la traite dite « arabe » à travers l'océan Indien et, enfin, la traite transatlantique ou « triangulaire », ainsi appelée parce que les bateaux négriers, toujours chargés, circulaient entre l'Europe, d'où ils apportèrent des marchandises convoitées comme des tissus, du fer et des perles, l'Afrique, où ils embarquèrent les esclaves, et les Amériques, d'où ils ramenèrent principalement du sucre au Vieux Continent. Pour avoir été la plus courte dans la durée, entre 1500 et 1850, la traite triangulaire fut la plus intense de toutes, surtout entre 1650 et 1850 ; elle fut aussi la mieux organisée et la mieux documentée. On estime qu'environ 12 millions d'Africains furent déportés au Nouveau Monde, notamment aux Antilles britanniques et françaises (45 %), au Brésil (31 %) et en Amérique espagnole (10 %). Le territoire constituant aujourd'hui les États-Unis reçut moins de 5 % des captifs vendus[2]. Les principaux pays esclavagistes furent le Portugal et la

Grande-Bretagne pour avoir extrait de l'Afrique, respectivement, environ 4 et 3 millions de ses habitants. En moyenne sur la durée, le taux de mortalité du « passage du milieu » était de l'ordre de 10 % ; la traite à travers le Sahara fut la plus meurtrière de toutes, coûtant la vie à un cinquième des captifs, soit le double.

La mortalité de la traite triangulaire a été calculée sur la base des registres à l'embarquement comme au débarquement d'environ 3 000 voyages transatlantiques alors que des documents plus ou moins complets sont préservés de quelque 25 000 autres voyages, eux-mêmes une fraction d'un total inconnu. Pour environ 10 000 « passages du milieu », les registres des captifs débarqués ont été retrouvés ; pour environ 8 000 voyages, seulement les registres à l'embarquement. Si l'on ajoute que les estimations de population au sud du Sahara du temps des traites sont en fait des extrapolations dans le passé – des « rétropolations » – des recensements effectués dans les années 1950, qui furent les premiers à peu près fiables, l'on mesure la précarité des chiffres cités. Cependant, leur fiabilité est bien supérieure à ce que l'on peut dire, en l'état actuel de nos connaissances, de l'impact du « choc microbien » au sud du Sahara.

À partir de 1492, l'introduction de pathogènes courants en Europe sur le terrain vierge qu'étaient les Amériques provoqua l'« effondrement démographique » des populations amérindiennes dont les neuf dixièmes périrent en un siècle. C'est l'une des origines de la traite transatlantique, les Portugais, puis d'autres puissances coloniales, recourant à la main-d'œuvre servile « importée » d'Afrique pour compenser la disparition des Amérindiens et rentabiliser leurs plantations, surtout de canne à sucre. Les déportés africains passaient pour être moins vulnérables aux épidémies de variole, de grippe, de rougeole ou de typhus, peut-être du fait d'un début d'immunisation qu'avaient entraîné, sur la côte occidentale de leur continent, les contacts suivis avec des Européens depuis que ceux-ci savaient remonter les vents contraires des alizés, grâce à l'invention de la caravelle au XVe siècle.

En ce qui concerne les Africains sur leur continent, il y a de bonnes raisons de douter que la grande masse d'entre eux, surtout à l'intérieur des terres, ait pu résister au choc microbien et viral que fut – un euphémisme à plus d'un titre – la « rencontre coloniale » à la fin du XIXe siècle. Sylvie Brunel, professeur à Paris I-Sorbonne, affirme que la colonisation « vit notamment mourir le quart de la population d'Afrique centrale au XIXe siècle, de maladies, massacres, les déplacements forcés faisant perdre aux populations leur immunité de prémunition contre le paludisme[3] ». L'historienne Catherine Coquery-Vidrovitch, spécialiste de la région, estime qu'en 1921, l'Afrique-Équatoriale française (AEF) avait perdu un tiers de sa population[4]. Dans son best-seller *Les Fantômes du roi Léopold*, le journaliste-écrivain Adam Hochschild va plus loin en soutenant que la moitié de la population, non seulement de l'ex-Congo belge mais, au-delà, de toute l'Afrique équatoriale, a succombé au décloisonnement épidémique[5]. Il est généralement présumé que les épidémies furent moins dévastatrices en Afrique de l'Ouest qu'en Afrique centrale, en raison de l'antériorité des contacts avec des Européens le long de la côte ouest-africaine.

Mais, quelle que soit son ampleur, impossible à évaluer en l'absence de données fiables et détaillées, la disparition massive des Subsahariens entre 1880 et 1930 est une catastrophe démographique comparable à la Peste noire du XIVe siècle sur le Vieux Continent ; importée d'un foyer en Asie, l'épidémie fit périr entre 30 et 50 % de la population européenne.

L'Afrique, la jeunesse du monde

Résumons le passé et le passif démographique au sud du Sahara : après une stagnation millénaire à un niveau d'étiage, deux catastrophes – les traites et la colonisation – précèdent le décollage du peuplement de l'Afrique à partir des années 1930. Le continent compte alors quelque 150 millions d'habitants, soit seulement 8 % de la population mondiale ; en 1650, avant le paroxysme de la traite transatlantique puis le « choc microbien », l'Afrique, avec environ 100 millions d'habitants, avait abrité presque un Terrien sur cinq. Entre-temps, le monde alentour s'est peuplé bien plus rapidement, surtout à partir de 1750 en entrant – l'Europe avec une longueur d'avance – dans l'ère de la première révolution industrielle[6]. Le résumé le plus frappant de cette époustouflante accélération : 85 % de la croissance démographique qu'a connue notre planète depuis qu'il y a des hommes s'est produite depuis 1800, soit en 0,02 % de l'histoire de l'humanité. En effet, il a fallu attendre depuis la nuit des temps jusqu'en 1800 pour que la population mondiale atteigne un milliard ; ensuite, seulement cent trente ans pour qu'elle atteigne 2 milliards ;

puis, tout juste trois décennies pour qu'elle atteigne 3 milliards, en 1960 ; depuis, la population mondiale a franchi en seulement un demi-siècle quatre marches de géant supplémentaires pour atteindre 7 milliards d'habitants ; entre 2011 et 2024, un huitième milliard va s'y ajouter.

En dépit de cette fulgurante progression, le déclin démographique mondial est déjà amorcé. car l'humanité a atteint le zénith de sa fertilité à la fin des années 1960 et, en raison du déphasage générationnel, a connu la période de sa plus forte croissance en nombre absolu dans les années 1980 lorsque, bon an mal an, 85 millions de nouveau-nés se sont ajoutés à sa population et qu'il ne fallait que douze ans pour ajouter un nouveau milliard aux milliards vivant déjà sur notre planète. Depuis, non seulement les pays les plus développés – le Japon en tête – vieillissent rapidement, mais l'Amérique latine et une grande partie de l'Asie «grisonnent» à leur tour. La «pilule» et d'autres moyens modernes de contraception ont hâté l'achèvement de la transition démographique quand ils n'ont pas abouti, en conjonction avec d'autres facteurs, à la «sortie» du schéma connu là où les populations diminuent désormais. Moins au cœur du débat, mais peut-être plus importants encore que la «révolution reproductive» sont les constants gains en longévité réalisés depuis le début du xxe siècle. En 1900, l'espérance de vie à la naissance en europe et en Amérique du Nord était de quarante-sept ans; un demi-siècle plus tard, elle était montée à soixante-dix ans et, aujourd'hui, c'est la moyenne mondiale. comme le troisième âge est désormais bien plus actif et riche en opportunités que ne le furent naguère «la vieillesse» et son aide-soignante «la retraite», ces vies prolongées ont perdu leur ombre crépusculaire.

L'Afrique constitue une exception démographique dans le monde actuel. Sa partie subsaharienne sera la seule partie de la planète dont la population continuera de croître entre 2,5 et 3 % d'ici à 2050, soit plus rapidement que la population mondiale au plus fort de son expansion. Or, déjà, le nombre d'Africains est passé de 150 millions en 1930 à 300 millions en 1960, l'« année de l'Afrique » qui vit dix-sept pays accéder à l'indépendance ; il a de nouveau doublé pour atteindre 600 millions à la fin de la guerre froide, en 1989 ; il a franchi le cap du milliard en 2010 et aura de nouveau plus que doublé en 2050 lorsque, sur un total mondial d'environ 10 milliards d'habitants, 25 % seront des Africains ; leur continent aura dès lors dépassé le prorata qui fut le sien aux alentours de 1650 ; enfin, en 2100, cette proportion aura de nouveau doublé : sur un total mondial d'un peu plus de 11 milliards d'habitants, 40 % seront africains ; ils seront, pour l'essentiel, la jeunesse du monde.

L'abondance déprécie, la rareté rend précieux. Cela vaudra pour les jeunes dans un monde de vieux, comme cela valait dans le passé en Afrique, un vaste continent – 30 millions de kilomètres carrés, trois fois plus que l'Europe de Vladivostok à Gibraltar – historiquement sous-peuplé. En 1650, quand l'Afrique ne comptait en moyenne que 3,3 habitants par kilomètre carré, par rapport à 45 aujourd'hui et le double en 2050, sa population était le bien collectif le plus précieux alors que la terre abondait au point qu'elle comptait à peine comme facteur de production. Aussi, le capital humain thésaurisé par des sociétés lignagères a-t-il longtemps été la force motrice de l'histoire africaine, y compris dans son déni et sa négation que furent l'esclavage et les traites, tandis que la terre et sa « tenure » étaient au cœur de l'histoire européenne. Mais cette époque de longue durée est révolue. Cyniquement résumée, et bien que la densité de population en Afrique demeure basse par rapport à d'autres parties du monde[7], la vie humaine y a perdu de sa valeur dans les proportions inverses de l'explosion démographique sur le continent ; en revanche, la terre y est de plus en plus convoitée.

Rétrospectivement, ce raisonnement n'a rien d'original. Mais il fallait une grande perspicacité, et encore bien plus de cynisme, pour *prévoir* la force fatale de l'essor démographique en cours et en tirer les conséquences. En 1955, le gouverneur britannique du Nigeria fit preuve des deux quand il écrivit à Londres au sujet de l'éducation primaire universelle, le programme-phare que la métropole venait de mettre en place pour couper l'herbe sous le pied des indépendantistes. Pressentant que le rouleau compresseur démographique n'allait pas permettre de financer l'éducation pour tous, l'administrateur colonial recommanda contre l'air du temps de *hâter* l'accession à l'indépendance. « Inévitablement, les gens vont déchanter, fit-il valoir, et il vaudrait mieux qu'ils soient déçus par l'échec de leurs propres dirigeants que du fait de notre action[8]. »

Un bon demi-siècle plus tard, l'intelligence brute de cette remarque n'est toujours pas des mieux partagées. Nous continuons de dresser et de redresser le bilan des indépendances africaines en insistant sur « la corruption » et « la gabegie » de nombreux gouvernements, sans ajouter que satisfaire les besoins en biens publics et en infrastructures d'une population en croissance exponentielle n'était de toute façon pas un pari tenable. Contrairement au gouverneur britannique, nous préférons la leçon morale à la leçon tout court. Or, dans une société où des générations toujours plus nombreuses se succèdent comme des déferlantes sur la plage, les logements, les routes, les écoles et les hôpitaux seront toujours submergés ; les « investissements démographiques » (Alfred Sauvy) ne peuvent y être réalisés en nombre suffisant. De quelque façon qu'on s'y prenne, il n'y en aura jamais assez pour tout le monde. Dans ce contexte, détourner pour les siens ce qui peut l'être à l'occasion, qu'il s'agisse d'un ministre face à un investisseur étranger ou d'un policier à un barrage routier, s'assimile à un choix rationnel – comme l'est, en contrepartie, la sourde acceptation de cet impôt informel par la population comme le prix à payer pour qu'il y ait des exceptions dans la pénurie générale. Bien sûr, ce n'est pas une conduite morale donnant l'exemple, pas plus que l'analyse du gouverneur ne privilégiait l'avenir de l'Afrique sur l'intérêt du gouvernement de Sa Majesté. Mais la corruption est la devise – monnaie courante – sur un marché par trop déséquilibré entre l'offre et la demande, en l'absence d'un pouvoir fort de coercition. Ne pas l'admettre en dit moins sur l'« immoralité » des corrupteurs et corrompus que sur notre ignorance ou notre hypocrisie. Car, à force de recommander aux autres la vertu dans des circonstances de vie que nous méconnaissons, nous risquons de ressembler à ce personnage pharisien de Dickens, Seth Pecksniff, qui est décrit comme « un panneau indicateur montrant le chemin vers un lieu où il ne va jamais ».

Le Nigeria : à prendre ou à laisser

Au milieu des années 1980, j'ai eu la chance de trouver un travail d'appoint à Lagos, qui était alors encore la capitale fédérale du Nigeria. J'y allais déjà régulièrement à partir du Bénin voisin où je résidais, sans toutefois disposer des moyens nécessaires pour y rester longtemps, le *per diem* de Radio France Internationale (RFI), dont j'étais le pigiste en Afrique de l'Ouest, couvrant tout juste les frais de déplacement et de logement dans une « case de passage » aux quatre murs de béton brut. Si bien que le pain blanc industriel – une sorte de caoutchouc mousse sucré, débité en petits blocs oblongs et vendu sous plastique condensant l'humidité ambiante – était devenu la « cale » de mes journées de reportage. J'aurais voulu m'installer à Lagos mais ce rêve n'était pas à ma portée. Les coûts d'un bureau-logement sécurisé, d'un groupe électrogène et d'une ligne téléphonique internationale à l'abri de coupures et de tentatives de rançon excédaient de loin la valeur de mon travail journalistique. Tout cela pour dire que je fus ravi que le bureau de l'agence Reuters me demande de leur donner un coup de main.

Lagos comptait alors environ 5 millions d'habitants. J'aimais cette métropole lagunaire avec ses pieds dans l'eau, notamment dans les bidonvilles sous les ponts autoroutiers reliant ses îles et péninsules à la terre ferme, et sa tête dans les nuages le long de la marina – une cordillère de gratte-ciel qui étaient à cette époque encore rares au sud du Sahara. J'aimais la nuit qui tombait ici comme le rideau de velours dans un vieux théâtre, les lumières de la ville se mettant alors à danser sur l'eau ; c'était l'heure où les filles se rechaussaient en sortant d'un sac en plastique des talons aiguilles. J'aimais écouter l'afro-beat de Fela père dans son *shrine*, le « sanctuaire » de la résistance aux dictatures militaires en rafales, dont celle du général Buhari, qui est depuis redevenu président, élu comme « un converti à la démocratie » en 2015, à la faveur d'une amnésie collective. Avec le recul, je pense que j'aimais bien Lagos aussi et, peut-être, surtout parce que tant d'autres étrangers abhorraient ce « pandémonium, haut lieu de la violence et de la corruption ». Je me croyais exceptionnel parce que exceptionnellement à l'aise dans une Afrique où je perdais mes journées dans des *go slow* – de gigantesques embouteillages – au fond d'un taxi déglingué, dans une chaleur de serre, sans me départir de ma bonne humeur. La nuit, j'étais fier quand les lampes de poche cessaient de m'aveugler aux barrages dans un grommellement maussade, parfois une vague injure. J'avais encore tenu bon, sans rien donner… L'effluve du vin de palme fermenté, parfum attitré des policiers ou soldats armés de fusils d'assaut, était vite emporté par le courant d'air à travers les vitres baissées. Jusqu'au prochain barrage, jamais très loin. C'était le jeu, un rite de passage : courir les baguettes sans prendre de coups.

Reuters m'employait pour aider à compiler leur rapport annuel sur le Nigeria, un bottin statistique introduit par un survol des « grandes tendances » de l'économie locale. Le chef de bureau, Nick Kotch, tenait la plume qu'il avait belle ; moi, installé sur un coin de bureau, j'étais le tâcheron des chiffres difficiles à trouver et encore plus difficiles à recouper. À commencer par ce début à tout qu'était le nombre d'habitants du « pays le plus peuplé » au sud du Sahara. Au juste, combien de Nigérians y avait-il ? C'eût été plus facile à savoir si les régimes militaires n'avaient pas fait une croix sur les recensements qu'ils savaient source de discorde. Le dernier décompte de la population datait de 1973 et avait été rejeté. Le nord et le sud du pays, rivaux pour le contrôle du pouvoir fédéral, récusaient les recensements à tour de rôle, celui de 1973 comme celui de 1962, après celui de 1952, qui fut le dernier conduit par la puissance coloniale. La Grande-Bretagne avait entrepris de compter ses sujets au Nigeria dès 1866, d'abord dans sa « colonie de Lagos », puis au-delà et, après l'« amalgamation » du Nord et du Sud en 1914, à l'échelle du pays ainsi créé de toutes pièces. Mais, parfois, une invasion acridienne ou une émeute contre l'impôt de capitation rendaient le décompte impossible. Car les Nigérians combattaient l'imposition avec la même ferveur que les criquets. Instruits par l'expérience, les sujets coloniaux tentèrent de se soustraire au comptage en 1952 mais, devenus citoyens de leur pays indépendant, ils adoptèrent la stratégie inverse lors du recensement en 1962, pour augmenter le poids respectif de leur région au sein de l'État fédéral ; il y allait des sièges dans les nouvelles instances dirigeantes, qui étaient attribués au prorata, ainsi que des investissements et subventions. La rumeur voulait que le Nord eût alors aussi compté ses chèvres et ses moutons... Enfin, en 1976, les autorités avaient « ajusté » le taux de croissance démographique qui, d'un trait de plume, était passé de 2,5 à 3,2 %.

En somme, les calculs étaient perpétuellement à refaire sur de nouvelles bases arbitraires, les manœuvres politiques successives s'ajoutant aux erreurs initiales. Inéluctablement, en dépit de nos efforts, notre rapport sur le Nigeria n'était que l'ombre vacillante du pays réel. De la richesse par tête d'habitant à l'indice de pauvreté, en passant par l'autosuffisance alimentaire, tout y était sujet à caution. Cela n'a pas beaucoup changé depuis. En 1991, dans l'élan du retour à la démocratie, un recensement organisé « dans la transparence » s'est soldé par un résultat – 88 millions d'habitants – que devait récuser, pour le coup, la Banque mondiale, qui évaluait la population à 99,9 millions, une précision frôlant l'arrogance. Puis, après le décompte de 2006, le dernier en date, un autre général ex-putschiste revenu au pouvoir par la voie des urnes, le président Obasanjo, a traité les nombreux contestataires de « confusionnistes » en leur donnant ce conseil : « *If you like [it], use it, [if] you don't like [it], leave it.* »

Si c'est « à prendre ou à laisser », qu'y a-t-il de suffisamment fiable pour mériter de figurer dans les bottins statistiques, puis les banques de données consacrées au Nigeria, le laboratoire démographique de l'Afrique subsaharienne ? Pas grand-chose, à vrai dire. La population nigériane, qui était de l'ordre de 40 millions d'habitants en 1960, a dû tripler autour de l'an 2000. Avec 150 millions d'habitants, elle correspondait en 2010 à l'ensemble de la population subsaharienne en 1930. Aujourd'hui, le Nigeria compterait environ 180 millions d'habitants. Quant à sa population en 2050, l'emploi du conditionnel ne suffit pas à couvrir la marge d'incertitude comme en attestent, par exemple, les chiffres avancés au fil du temps par le Population Reference Bureau : 282 millions en 2008, 326 millions en 2010, 397 millions en 2015... En l'absence de repères, même les pépites glanées dans des enquêtes poussées perdent leur éclat : sauf erreur, donc, le taux de fertilité au Nigeria a baissé de 6,8 en 1975 à 5,5 enfants par femme en âge de procréer ; mais ce lent déclin masque d'importants écarts régionaux, la baisse étant bien plus forte dans le sud du pays alors que, dans le Nord musulman, la fertilité a en fait augmenté, atteignant 7,3 enfants par femme ; toujours dans le Nord, l'usage de moyens modernes de contraception est plus proche de 5 % que de 10 % et les femmes ne peuvent se rendre au planning familial qu'accompagnées d'un homme ; en 2012, dans tout le pays, l'espérance de vie était de cinquante-deux ans, soit les deux tiers d'une vie statistique en France – quatre-vingt-deux ans – la même année ; le taux de mortalité maternelle, à l'accouchement, n'a presque pas diminué au Nigeria depuis 1975 ; en revanche, la mortalité infantile a sensiblement baissé ; néanmoins, avec 78 décès pour 1 000 naissances, elle se situe au niveau qui était celui des pays industrialisés il y a un siècle.

L'Afrique subsaharienne, à l'exception de l'Afrique du Sud, ressemble au Nigeria : malgré des écarts et variations à l'intérieur de cette partie du monde, l'explosion démographique amorcée dans la première moitié du XXe siècle s'y poursuit. La mortalité infantile a significativement baissé mais, du fait de l'augmentation de la population en chiffres absolus, un enfant sur deux mourant dans le monde avant l'âge de un an est aujourd'hui un enfant subsaharien alors que c'était un sur trois en 1990. La baisse du taux de mortalité infantile n'a pas encore entraîné une diminution du taux de fertilité dans les mêmes proportions. Parallèlement, la mortalité maternelle demeure très élevée : 546 décès pour 100 000 naissances vivantes, selon les chiffres de l'Unicef, par rapport à 4 pour 100 000 en France. Nonobstant, d'ici à 2050, vingt-huit pays subsahariens verront leur population doubler, et neuf autres – l'Angola, le Burundi, le Malawi, le Mali, le Niger, la Somalie, l'Ouganda, la Tanzanie et la Zambie – verront la leur quintupler. Pour résumer : d'ici à 2100, trois personnes sur quatre qui viendront au monde naîtront au sud du Sahara[9].

Lagos, mi-taudis, mi-paradis

Retour à Lagos. L'écrivain nigérian Chris Abani raconte dans son roman *Graceland*, publié en 2004, la vie d'un jeune, Elvis Oke, dans un bidonville de la métropole lagunaire. Son héros est à la fois mondialisé de loin et loin d'être aliéné, à l'instar de Lagos. Rien n'y est purement local ni purement étranger, importé ; rien n'y est pur tout court. Le titre du roman et le prénom de son protagoniste renvoient à Elvis Presley et sa résidence à Memphis, dans le Tennessee, transformée depuis 1982 en mausolée-musée de l'idole américaine du rock'n'roll. L'Elvis nigérian cherche à gagner sa vie comme imitateur de son célèbre alter ego qu'il a découvert sur une carte postale. Il a lu, on ne sait trop où, les *Lettres à un jeune poète* de Rainer Maria Rilke et estime que Dickens, dans *A Tale of Two Cities*, livre « une parfaite description de la vie à Lagos ».

Elvis Oke vient d'un village dans le sud-est du Nigeria, en pays igbo. Il y a été élevé par sa grand-mère après le décès de sa mère, victime d'un cancer quand il avait huit ans. Seule sa grand-mère pense que « les enfants ne sont jamais trop jeunes pour entendre la vérité ». Pour tous les autres « grands », Elvis est un « petit » qui n'a pas son mot à dire, principe de séniorité oblige. Jusqu'au jour de son initiation, quand on lui trace un cercle de kaolin autour du cou, la marque du futur chef de famille, et le somme de « regarder la mort en face ». Aux filles, on trace le cercle autour du coude qu'elles devront plier avec souplesse en obéissant et trimant dur.

Elvis a environ dix ans quand il abandonne l'école et rejoint son père, Sunday, à Lagos. Fuit-il la campagne ou est-il attiré par la ville ? La question n'a guère de sens dans la « vie tourbillonnante » qu'il choisit. Le village reste sa référence permanente, mais au titre de souvenirs éteints ; sans être chez lui, Elvis est à Lagos, un monstre hybride bien vivant, « mi-taudis, mi-paradis, moche et violente mais belle en même temps ». Son père alcoolique, remarié et avec trois nouveaux enfants à sa charge, lui est d'un faible secours. Il a lui-même investi dans la modernité en étant mal payé en retour : il a financé les études de son frère cadet qui, fortune faite, ne l'a jamais remboursé, brisant ainsi deux règles sociales fondamentales, celle de la réciprocité et le droit d'aînesse.

La vie dans un bidonville de Lagos est à *La Guerre des boutons* ce qu'est un meurtre crapuleux à une belle bagarre. « Eh bien mon vieux, si j'aurais su, j'aurais pô v'nu », suffit-il de dire au petit Gibus pour sortir du jeu. En revanche, Elvis s'abîme dans une voie sans issue : l'imitation de son idole lointaine ne le faisant pas vivre, il imite son « pote », prénommé Rédemption, en le suivant dans la surenchère criminelle, du simple vol au trafic humain en passant par la prostitution infantile, la torture et l'assassinat. Cette éducation peu sentimentale de l'Émile nigérian est représentative de celle de ses pairs d'âge. L'autorité parentale et, plus généralement, l'influence des aînés – comme on dirait au village – n'existent plus dans leur vie précaire que sous la forme spectrale d'un « roi des mendiants ». Mais ce vieux sage est un astre menacé d'extinction dans une galaxie de jeunes.

Lagos est le « big bang » de la jeunesse africaine, son lieu de naissance légal. C'est en effet ici que les autorités britanniques ont défini pour la première fois, en 1943, une nouvelle tranche d'âge, entre quatorze et dix-huit ans, alors que dans l'Afrique précoloniale il n'y avait que des « petits », avant l'initiation, puis des « grands », c'est-à-dire des enfants ou des adultes. En Europe, avec la révolution industrielle et sa division du travail plus complexe, la jeunesse est « née » comme une parenthèse ouverte à une éducation plus poussée, une instruction qui ne pouvait plus se limiter au mimétisme des parents en les accompagnant aux champs ou dans l'atelier. À Lagos, la jeunesse est née comme une catégorie à surveiller de près, une masse de désœuvrés qui se retrouvaient par petits groupes dans des « bases » en ville, des lieux publics pour y tuer le temps, ou qui faisaient « jonction » plus discrètement pour gagner leur vie dans des activités interlopes[10]. La violence politique, sous-traitée à cette jeunesse urbaine par la classe dirigeante, faisait depuis toujours partie de ces gagne-pain.

Lagos est une vieille ville jeune, toujours plus jeune. Dès 1921, la proportion de ses habitants âgés de moins de trente ans était de 62 % ; en 1972, elle était de 78 % ; de nos jours, dans ses bidonvilles où atterrissent les « cadets sociaux » quittant en masse – environ 600 000 par an – les campagnes, le pourcentage des moins de trente ans avoisine les 95 %. Avec l'âge, soit on parvient à sortir du taudis, soit on y meurt, soit on est obligé de retourner au village, toute honte bue. Par conséquent, dans les bidonvilles de Lagos où vivent les deux tiers de la population, la pyramide des âges est décapitée. Les jeunes y sont entre eux. Ils s'y réinventent des normes et des valeurs adaptées à leur situation, un nouveau code de conduite qu'on aurait tort de caricaturer. Ce n'est pas forcément la « loi de la jungle », mais certainement pas non plus une propédeutique au civisme. Dans ces bas quartiers prospère le type de débrouille qui fait le tour du monde, comme la fameuse « fraude 419 », d'après l'article du code pénal nigérian sanctionnant l'escroquerie par email. Bien sûr, cette escroquerie, consistant à abuser de la crédulité, ne ferait pas recette sans la cupidité des titulaires étrangers de comptes bancaires prêts à accueillir des sommes mirifiques en échange d'une forte « prime ».

Du fait de l'exode rural, qu'on pourrait tout aussi bien appeler « magnétisme urbain », les villes au sud du Sahara croissent plus vite encore que la population dans son ensemble. Lagos comptait environ 350000 habitants quand le Nigeria a accédé à l'indépendance en 1960 ; comme nous l'avons vu, elle en comptait autour de 5 millions vers le milieu des années 1980, quand j'y ai fait mes débuts dans le maquis des chiffres ; elle a dépassé Le Caire comme la plus grande ville d'Afrique en 2012, avec 21 millions d'habitants, et devra encore doubler de population d'ici à 2050. Pendant tout ce temps, cette ville moyenne devenue « mega-city » ne cesse de rajeunir. Le pourcentage des moins de quinze ans y est passé de 25 %, en 1930, à près de 40 % à l'indépendance ; il avoisine aujourd'hui les 60 %, ce qui fait de Lagos, sans conteste, la citadelle mondiale de la jeunesse. Pour situer sa juvénilité ou, dans le miroir tendu, la momification de Paris : dans la capitale française, *intra muros*, la proportion des moins de quinze ans est de 14 %, soit quatre fois moins.

Il n'y a pas que la différence d'âge de ses habitants qui creuse un écart sidéral entre Paris et Lagos. Si l'on compare leurs infrastructures urbaines, la métropole nigériane se réduit à une ville fantôme. Pour ne citer qu'un exemple : en 2006, alors que Lagos comptait autour de 15 millions d'habitants, 0,4 % des toilettes y étaient reliées au tout-à-l'égout[11]. Aussi, malgré quelques progrès, la lagune de Lagos reste-t-elle un cloaque dans lequel, avec les marées et la pluie comme chasse d'eau naturelle, la majorité des habitants se lavent et se procurent l'eau à boire et à faire la cuisine. Rien d'étonnant alors à ce que la bienvenue locale se souhaite comme une mise en garde – *This is Lagos !* – sinon, en yoruba, d'un *Èkó ò ní bàjé* explicite : « Espérons que la ville ne pourrisse pas. » Rien d'étonnant non plus à ce que les nantis cherchent à prendre le large dans la cité futuriste offshore que sera peut-être un jour Eko Atlantic, le Manhattan local de 10 kilomètres carrés qui doit émerger de l'océan sur la terre réclamée, depuis 2012, grâce à des millions de mètres cubes de rochers. Quelque 250 000 sauvés des eaux pourront alors vivre ici, en permanence connectés à leur wi-fi, reliés à l'Internet via la fibre optique transatlantique et héliportés à l'aéroport international Murtala-Muhammed quand ils aspireront à une « sortie »[12].

Depuis l'indépendance, en 1960, la population du Nigeria a été multipliée par 4,5, et le nombre d'habitants de Lagos par… 60 ! Le taux de croissance démographique du pays le plus peuplé au sud du Sahara correspond peu ou prou à la moyenne du sous-continent ; en revanche, l'expansion de Lagos, due également à une forte migration régionale, est exceptionnelle, entre le double et le quadruple de la croissance urbaine « ordinaire » en Afrique subsaharienne. Cependant, Abidjan, l'autre métropole ouest-africaine attirant de nombreux migrants, a aussi multiplié sa population par 40 depuis 1960 ; et N'Djamena, avec seulement 23 000 habitants en 1960 par rapport à 1,3 million aujourd'hui, talonne Lagos avec un facteur multiplicateur de 55. Dakar, Freetown, Nairobi et Harare oscillent entre 10 et 15 ; Bamako, Khartoum et Mogadiscio autour de 20, et Conakry, Kampala, Kinshasa et Ouagadougou autour de 30.

L'urbanisation au sud du Sahara a été d'autant plus fulgurante – elle est sans précédent historique, bien sûr – qu'elle est partie d'un niveau très bas. Certes, il y a toujours eu des villes en Afrique subsaharienne mais, en 1920, le taux d'urbanisation y était de 2,5 % et 40 % des citadins vivaient dans le seul pays yoruba, la partie sud-ouest du Nigeria. En 1940, six villes seulement comptaient plus de 100 000 habitants : Ibadan, Johannesburg, Addis-Abeba, Kano, Lagos, Accra et Dakar. Elles abritaient, au total, environ un million de citadins. Aujourd'hui, une quarantaine de villes subsahariennes sont millionnaires sinon multimillionnaires. En 2010, alors que le nombre d'urbains venait de dépasser celui des ruraux à l'échelle mondiale, environ 40 % des Africains au sud du Sahara vivaient en ville. En 2030, les citadins africains vont à leur tour damer le pion aux « gens de la brousse ». En 2050, autour de 60 % des Subsahariens – 1,26 milliard de personnes – vivront dans des villes comme Lagos. Pour le dire autrement : entre 1960, l'année des indépendances, et le tournant du siècle, la population urbaine en Afrique a été multipliée par 8,7 ; à l'horizon de 2050, elle va encore quadrupler.

Le « modèle » chinois

Une démographie galopante, une urbanisation exponentielle, toutes deux sans précédent dans l'histoire humaine... Face à ces réalités et leur cortège de défis, trois types d'attitude ont longtemps prévalu : l'inattention, le déni et la maladresse. L'inattention a pris la forme d'un manque de curiosité – entre 1970 et 2000, sur 39 grandes études consacrées au lien entre démographie et pauvreté, six seulement étaient menées au sud du Sahara[13]. Le déni s'exprimait dans des propos, comme ceux tenus dans un entretien à la BBC, en 2015, par Hans Rosling, professeur suédois et « peut-être le plus connu des statisticiens du monde ». À son avis, « si l'on continue à avoir de la pauvreté extrême dans des régions où les femmes mettent six enfants au monde et où la population double en une génération, il y aura des problèmes. Mais ce n'est pas la croissance de la population qui est le problème – c'est l'extrême pauvreté qui est la cause fondamentale ». Enfin, la maladresse consistait à ferrailler avec ce qui, en Afrique historiquement plus encore qu'ailleurs, constitue le bien le plus précieux : la richesse en population, *wealth in people*. Le problème n'est donc pas qu'il y ait de plus en plus d'Africains, ou qu'il y ait un « trop-plein » de jeunes au sud du Sahara ou encore qu'une pyramide des âges « trop élargie à la base » soit en quoi que ce soit préférable à une pyramide macrocéphale, croulant sous le poids des vieux. Le problème est que l'organisation sociale au sud du Sahara et, en corollaire, la productivité – au sens large – des sociétés subsahariennes, ne permettent pas d'y vivre décemment, de loger, éduquer et soigner tous ceux qui y naissent parce que le grand nombre amenuise les ressources mobilisables pour le bien-être de chacun.

En 1958, un démographe, Ansley Coale, et un économiste, Edgar Hoover, ont émis une hypothèse sur le lien entre population et prospérité. Contrairement à beaucoup d'autres avant et après eux, ils ne se sont pas braqués sur la taille d'une population et son taux de croissance démographique. Ce qui les intéressait n'était ni la hauteur ni la largeur en soi d'une pyramide des âges, mais sa proportion. Celle-ci était « bonne » à leurs yeux, c'est-à-dire propice à la création d'un optimum de richesses à partager, si le ratio entre actifs et dépendants était favorable aux actifs. De ce point de vue, une baisse de fertilité au sud du Sahara changerait la donne grâce à quatre avantages. D'abord, une augmentation de la richesse à répartir dès lors que la population active n'aurait plus à sa charge des tranches d'âge toujours plus nombreuses de mineurs. Puis, une montée du taux d'épargne, à la fois privé et public, puisque les dépenses par tête diminueraient et dans les foyers et pour l'État. Ensuite, liés à cela, des investissements plus soutenus dans le « capital humain » grâce à une meilleure éducation, là encore tant à la maison que dans les écoles publiques. Enfin, une hausse des salaires en phase avec la contraction progressive de la population active dans la mesure où moins de jeunes entreraient sur le marché du travail.

On notera que le « bonus démographique » grâce au gonflement de la population active, dont il est souvent question dans les médias (où l'on parle aussi de « dividende démographique »), ne figure pas parmi les avantages escomptés par Coale et Hoover. En effet, l'intégration dans la force de travail d'un nombre accru de jeunes n'est jamais acquise d'avance, la création d'emplois n'étant pas un simple acte volontariste du patronat ou du gouvernement. Même en cas de plein emploi, l'augmentation de la richesse créée n'est qu'un effet d'aubaine – éphémère – puisque les cohortes plus nombreuses de salariés finiront par partir à la retraite et, en l'absence de successeurs en nombre, par détériorer de nouveau le ratio entre actifs et dépendants. Manger son blé en herbe ne remplit pas les greniers.

C'est l'une des raisons, rarement relevée, pour laquelle la politique chinoise de l'enfant unique, qui n'est plus imposée depuis le 1er janvier 2016, ne saurait servir de modèle pour l'Afrique. Elle a pourtant été une réussite sur un demi-siècle : entre 1965 et 2015, le ratio entre dépendants – les jeunes de moins de quinze ans et les vieux de plus de soixante-quatre ans – et actifs, âgés entre quatorze et soixante-quatre ans, est en effet passé de 81 à 37 ; en 2015, 100 actifs n'avaient donc plus que 37 mineurs ou retraités à leur charge. Ce qui, en conjonction avec d'autres facteurs, notamment politiques, a permis de sortir des centaines de millions de Chinois du cercle vicieux d'une fertilité forte et de faibles revenus (*low-income, high-fertility trap*). Toutefois, pour appréciable que soit le gain pour plusieurs générations, il s'agit d'un jeu à somme nulle à plus long terme. Car, depuis 2014, le « bonus démographique » consécutif à l'imposition de l'enfant unique à partir de 1979 s'est retourné en « malus ». Comme il n'y a plus assez de jeunes pour remplacer les actifs partant à la retraite, le ratio entre actifs et dépendants se dégrade de nouveau. En 2060, il sera aussi défavorable qu'il le fut en 1965, quand 100 actifs devaient faire vivre, en plus d'eux-mêmes, 81 mineurs ou retraités. L'âge médian de la population en Chine dépassera alors cinquante ans, comme en Allemagne, en Espagne ou au Japon (tandis que l'âge médian de la population française sera de quarante-cinq ans). Or, contrairement aux « vieux » pays industrialisés, la Chine n'a pas eu le temps de se doter d'un système collectif de retraite et la solidarité traditionnelle – *guanxi* – au sein des familles étendues a été détricotée depuis quarante ans. Trouver une parade à ce piège démographique en train de se refermer sera d'autant moins évident que, même en l'absence de contrainte étatique, les enfants uniques – surnommés « les petits empereurs », puis « les gosses boomerang » quand ils reviennent au domicile parental – tendent à n'avoir eux-mêmes qu'un seul enfant[14]. Ce qui renforce le syndrome dit « 4-2-1 », en référence à la lourde charge que représente pour un enfant unique la responsabilité de ses deux parents et de ses quatre grands-parents.

En amont de ses effets à terme, la raison disqualifiant d'emblée le « modèle » chinois est son caractère coercitif. L'État chinois dictait ses choix aux parents, imposait la fin de 336 millions de grossesses – une grosse Amérique... – et a durablement compromis l'équilibre démographique entre les sexes. Malgré l'interdiction à partir de 1994 de révéler le sexe du fœtus à l'échographie, pour éviter que les filles ne soient avortées par des parents désirant à tout prix un « héritier », il y a aujourd'hui en Chine quelque 35 millions de garçons de plus que de filles parmi les moins de vingt ans.

La gouvernance démographique

Le Kenya, en 1967, puis le Ghana trois ans plus tard, ont été les premiers pays subsahariens à adopter des politiques de planning familial. Mais les mesures prises ont été bien trop timides – depuis, la population du Ghana a été multipliée par 3,5, celle du Kenya a même quintuplé. En outre, ces deux pays sont restés une avant-garde solitaire pendant vingt ans. Ce n'est qu'en 1988 que le Nigeria, le Sénégal et le Liberia leur ont emboîté le pas. Au cours de la décennie suivante, trente autres pays ont suivi leur exemple, moins par conviction que par faiblesse « parce qu'ils voulaient – ou devaient – "faire plaisir" aux bailleurs de fonds extérieurs, notamment à la Banque mondiale et à l'USAID[15] ». L'Europe, le continent des anciens colonisateurs et le principal pourvoyeur d'aide à l'Afrique, est restée en retrait par rapport au contrôle des naissances au sud du Sahara. La gêne pour aborder cette question persiste à ce jour. Elle affleure, par exemple, chez Serge Michaïlof, chercheur associé à l'Institut de relations internationales et stratégiques (IRIS) après avoir été directeur exécutif de l'Agence française de développement (AFD), quand il reproche aux gouvernements africains leur manque d'allant « pour promouvoir des politiques actives de planning familial », puis enchaîne : « Une refonte totale du langage, des messages, des projets s'impose, certes avec prudence, dans le respect de la culture des pays, sans opposition frontale, mais résolument »[16]. Il est à craindre qu'une refonte dans le respect des habitudes natalistes relève de la quadrature du cercle, elles auront encore de beaux jours devant elles.

« L'Afrique subsaharienne a longtemps vécu dans une ambiance de laisser-faire, de désintérêt pour les questions démographiques », a constaté, en 2007, John May, alors *le* démographe Afrique de la Banque mondiale[17]. En 1961, à l'époque où il eût fallu prendre le problème à bras-le-corps, mais où le président tunisien Habib Bourguiba était bien le seul à promouvoir le statut de la femme envers et contre tout, le premier président de la Tanzanie, Julius Nyerere, a usé d'une métaphore pour caractériser le leadership des « dirigeants » de sa génération : en emmenant leurs populations là où elles brûlaient d'envie d'aller, à savoir au « royaume politique » qu'allait leur ouvrir le départ des colons, les pères des indépendances avaient autant d'emprise sur les masses qu'un « pique-bœuf sur le dos d'un rhinocéros[18] ». Autrement dit : dans l'euphorie générale de l'accession à la souveraineté, il eût été politiquement difficile, sinon suicidaire, de se faire le héraut d'une remise en cause profonde des habitudes reproductives. Alors que tout semblait possible, décourager la procréation aurait semblé un contresens historique. Par ailleurs, les jeunes États, aussi jeunes que leurs citoyens, n'avaient guère la capacité institutionnelle de mettre en œuvre une telle « biopolitique » (Michel Foucault). À ce jour, la politique de planning familial s'improvise au sud du Sahara, et l'emploi de moyens modernes de contraception – toujours inférieur à 15 % parmi les femmes en âge de procréer – ne croît que lentement, d'année en année, alors qu'il est monté en flèche en Asie pour atteindre autour de 70 %.

Si l'ancien gouverneur britannique du Nigeria revenait sur terre, quelque part entre les tropiques du Cancer et du Capricorne, sa lucidité le pousserait à mettre en garde, dès à présent, contre le glissement tectonique du troisième âge en Afrique, l'ensevelissement à long terme du continent sous des vieux sans pension ni sécurité sociale, pas même la fameuse « solidarité africaine » qui aura fait long feu. Mais qui pense à la sécheresse sous une pluie battante ? Le glissement tectonique du troisième âge, ce n'est pas pour demain ni même après-demain. Pour le moment, nous sommes dans la continuité au sud du Sahara. Depuis bientôt un siècle, les autorités coloniales puis les gouvernements africains ont failli en matière de gouvernance démographique si « gouverner, c'est prévoir ». Les populations subsahariennes ont multiplié leur nombre comme jamais auparavant une population sur cette planète, sans « révolution verte » pour garantir leur sécurité alimentaire ; puis elles se sont mises en marche vers des villes, industrieuses en l'absence d'industrie, pour s'y débrouiller au jour le jour.

Jamais, dans l'histoire, les habitants d'une partie du monde n'ont été aussi jeunes que les Africains subsahariens aujourd'hui – dans le prochain chapitre, nous allons explorer cette île-continent de Peter Pan. Tant de jeunes constitueraient une belle promesse d'avenir si un nombre important d'entre eux ne mourait pas à la naissance ou ensuite de malnutrition, de maladies facilement soignables ou d'épidémies, dans des massacres et des guerres ; si tant de jeunes sans emploi n'étaient pas empêchés de grandir et de réaliser leur projet de vie. Certes, depuis un siècle, l'Afrique a fait des progrès himalayens – nous allons également y revenir. Mais ces progrès ont été relativisés, et souvent laminés, par la loi des grands nombres.

II

L'île-continent de Peter Pan

En 1994, un reportage alarmiste, hasardeusement fourre-tout mais prophétiquement intitulé *The Coming Anarchy*[1], connut un tel retentissement que le Département d'État américain l'envoya par fax à toutes ses ambassades au sud du Sahara. Son auteur, Robert Kaplan, annonçait une « crise totale » en Afrique, une conjonction de violences criminelles, d'épidémies incontrôlables et de désastres écologiques sur fond de dérive malthusienne. L'impact de ce reportage, indépendamment de ses mérites ou défauts qui firent l'objet d'une vive polémique, était inséparable du contexte de l'époque. Le monde venait de subir le supplice de l'estrapade : soulevé par de grands espoirs au sortir de la guerre froide, il était tombé de très haut. Après la chute du mur de Berlin, Francis Fukuyama s'était fait le héraut de « la fin de l'histoire » en tant que succession de conflits et de l'avènement du « dernier homme », l'indépassable démocrate s'épanouissant dans une économie libérale. Dans ce scénario optimiste, l'Afrique cessait d'être l'échiquier géopolitique par défaut, l'arrière-cour où la troisième guerre mondiale était évitée au prix de guerres dans le tiers monde. Même au sud du

Sahara, la vie n'allait plus être – comme Thomas Hobbes l'avait décrite en 1651 dans le *Léviathan* – « pauvre, solitaire, vilaine, brutale et courte ». Or, très vite, une suite de guerres d'écorcheurs, du Liberia aux Balkans en passant par la Sierra Leone et la Somalie, avait tiré un trait sur ces espoirs de paix et de prospérité perpétuelles. En 1993, Samuel Huntington avait théorisé ces crises en embrasant l'avenir de sa thèse d'un « choc des civilisations ». En avril 1994, deux mois après la parution de *L'Anarchie à venir,* le génocide au Rwanda semblait lui donner raison et confirmer les funestes prédictions de Robert Kaplan.

Un quart de siècle plus tard, l'imminence apocalyptique de *L'Anarchie à venir* s'est émoussée. Il paraît évident que sa « peur du noir » a empêché l'auteur d'admettre que la croissance démographique en Afrique – le grand nombre, l'urbanisation, l'insertion accélérée dans la marche du monde... – multiplie les opportunités autant que les risques. Rétrospectivement, la légèreté teintée de mépris avec laquelle Kaplan disqualifie « le christianisme et l'islam trop superficiels » au sud du Sahara, alors qu'il exalte l'islam dans les Balkans comme une armature « civilisationnelle » dans la misère, saute aux yeux. Cependant, le discours académique sur l'« islam noir », censément plus tolérant que la même foi dans la « rue arabe », réputée fanatique, n'a pas mieux résisté à l'épreuve du temps. Aussi, malgré tous les amalgames dont il s'est rendu coupable, Kaplan a-t-il pointé, parmi les premiers, l'importance de la criminalité « ordinaire » dans le quotidien au sud du Sahara, le stress épidémiologique et écologique dans un environnement aux protections moindres, ou encore la nature « hermaphrodite » unissant en Afrique le monde urbain et le monde rural, loin de la « coupure » postulée entre ville et campagne.

Kaplan a réagi avec effroi à la pression démographique montante dans la partie la plus pauvre du monde. Hypnotisé par les « menaces » que recèlerait l'Afrique, il n'a pas prêté attention au conflit intergénérationnel sur le continent et, sur sa lancée, a ignoré la moitié féminine de la population : il ne voyait que des « jeunes hommes » comparables à « des molécules libres dans un liquide social instable, prêt à s'enflammer ». Ils submergent aujourd'hui les vieux, naguère vénérés, notamment au sud du Sahara. Mais leur victoire collective est improbable. Trop d'appelés, pas assez d'élus… Seuls quelques-uns parmi ces jeunes hommes, sans parler des femmes, vont ravir les places au soleil du pouvoir, de l'aisance matérielle ou du prestige. Les autres, la grande masse, n'auront que leur nombre à jeter dans la balance : ils pourront servir de piétaille à la contestation, par le bulletin de vote ou les balles de fusil, ou rallier le mieux-offrant du vieil establishment, s'ils ne participent pas au grand départ en cascade, d'abord du village, puis de la ville et, enfin, de leur pays ou de leur continent.

Des greniers vides, des terres convoitées

Au cours de cette décennie, quelque 200 millions d'habitants se seront ajoutés à la population au sud du Sahara. Cela pourrait être une bonne nouvelle sur un sous-continent dont le sol est d'une qualité comparable à celle de l'Inde, globalement autosuffisante sur le plan alimentaire depuis sa révolution verte dans les années 1970 ; qui plus est, l'Afrique recèle environ 60 % des terres arables au monde qui n'ont pas encore été mises en exploitation. Cependant, dans l'Afrique subsaharienne telle qu'elle est, 200 millions d'habitants supplémentaires posent problème. Déjà, hors crises de famine, quelque 400 millions de Subsahariens souffrent de malnutrition chronique. Près de 100 millions d'enfants en âge préscolaire sont anémiques et 60 % de tous les enfants n'atteignent pas leur plein potentiel de croissance faute de nourriture adéquate[2]. Ce n'est pas près de changer. Sans même tenir compte du réchauffement de la planète et de la déstabilisation d'écosystèmes fragiles, notamment dans le Sahel, une révolution verte n'est pas à l'ordre du jour. 96 % des paysans subsahariens cultivent des lopins de moins de 5 hectares, souvent dans l'insécurité foncière en l'absence de titres de propriété incontestés[3]. Ils produisent moins d'une tonne de céréales à l'hectare, contre 9 en France, et moins d'un demi-litre de lait par jour et par vache, contre 25 litres dans l'Hexagone où, sur 1 000 exploitants, plus de 900 disposent d'un tracteur, contre deux au sud du Sahara. Entre les tropiques du Cancer et du Capricorne, seules 5 % des terres arables sont irriguées, contre 58 % en Inde.

« L'urbanisation accélérée constitue plus le symptôme des difficultés agricoles que la conséquence de la modernisation agraire », constate Sylvie Brunel[4]. Elle ajoute qu'à l'horizon de 2030, un demi-milliard d'Africains de plus auront quitté les campagnes « pour rejoindre les villes, ou, plutôt, les bidonvilles ». Qui va les nourrir ? Toute autre considération mise à part, la charité internationale serait un pari risqué dans un monde où les besoins alimentaires vont augmenter de 70 % d'ici à 2050, quand la Terre comptera 9 milliards d'habitants. À cette échéance, l'Afrique devrait avoir quintuplé sa production agricole pour assurer sa sécurité alimentaire. À défaut, elle sera obligée d'importer de la nourriture au prix fort. Or, un pays comme le Nigeria dépense déjà 10 milliards de dollars par an – un cinquième de ses revenus pétroliers en 2015, un dixième si les cours du brut devaient remonter à leur meilleur niveau – pour importer les vivres qu'il ne produit pas. Autant de fonds qui manqueront à l'importation de machines-outils pour industrialiser le pays et créer des emplois rémunérateurs. *Soil not oil*[5], la terre plutôt que le sous-sol, aurait dû être le mot d'ordre au Nigeria et dans d'autres pays producteurs de pétrole.

La pression démographique sur les ressources naturelles, à commencer par la terre nourricière mais aussi l'eau, augmente le risque de conflits. Au Darfour, la multiplication par six des habitants depuis l'indépendance – la population dans l'ouest du Soudan est passée de 1,3 million en 1956 à près de 8 millions en 2017 – met à rude épreuve un écosystème dont la désertification est accélérée par le réchauffement planétaire. Il s'y ajoute un lourd passif historique. De la destruction des titres fonciers – *hakura* – pendant la période mahdiste à la fin du XIXe siècle, aux reîtres de la mort – les *janjawid* – armés par le régime du président Al-Bashir, en passant par le *benign neglect* du colonisateur britannique, qui mit en place une « administration indigène », source de rivalités entre paysans sédentaires, éleveurs de bétail et éleveurs de chameaux, les conditions d'un drame ont été réunies au Darfour. Ce n'est pas le cas partout dans le Sahel. Mais la donne démographique entre toujours dans la combinatoire des spécificités locales. Elles sont souvent conflictuelles, notamment au Mali, au Niger, au Tchad et au Soudan.

Thomas Robert Malthus a mauvaise presse en raison du double postulat restrictif associé à son nom : l'un porte sur la finitude des ressources de la Terre, l'autre sur l'irréductible égoïsme du genre humain. Pour autant, le passage sur « le banquet de la nature », qui figurait dans son *Essai sur le principe de population* publié en 1798, avant d'être supprimé de l'édition de 1803 à la demande de l'auteur, paraît d'une lugubre actualité : « Un homme qui est né dans un monde déjà possédé, s'il ne lui est pas possible d'obtenir de ses parents les subsistances qu'il peut justement leur demander, et si la société n'a nul besoin de son travail, n'a aucun droit de réclamer la moindre part de nourriture, et, en réalité, il est de trop. Au grand banquet de la nature, il n'y a point de couvert vacant pour lui ; elle lui ordonne de s'en aller, et elle ne tardera pas elle-même à mettre son ordre à exécution, s'il ne peut recourir à la compassion de quelques convives du banquet. Si ceux-ci se serrent pour lui faire une place, d'autres intrus se présentent aussitôt, réclamant les mêmes faveurs. La nouvelle qu'il y a des aliments pour tous ceux qui arrivent remplit la salle de nombreux postulants. » Dans un monde clos et immoral, tel serait le sort réservé aux deux ou trois prochaines générations d'Africains.

La crise au Zimbabwe illustre sous un autre jour la « conditionnalité démographique ». Robert Mugabe, le libérateur de la Rhodésie que son long exercice du pouvoir a transformé en une caricature du « gérontocrate » africain, se souciait comme d'une guigne de la réforme agraire dans les années 1990, quand son gouvernement n'y consacrait que 0,16 % de son budget[6]. Seulement, lorsque son régime a été confronté à une vraie opposition, le Mouvement pour le changement démocratique, et qu'il a perdu, en 2000, le référendum organisé pour renforcer ses pouvoirs présidentiels, Mugabe s'est emparé de « la question de la terre » pour trouver un bouc émissaire commode – « les Blancs », sous-entendu : les colons – et de nouvelles prébendes pour ses partisans. Il n'y a pas que des Zimbabwéens qui lui ont longtemps accordé le bénéfice du doute. À l'étranger, la coulpe postcoloniale lui a déblayé la voie dictatoriale. Croire à l'exploitation en noir et blanc procurait bonne conscience, rachetait à faible coût un passé inassumé et dispensait d'examiner les faits : 78 % des fermes appartenant à des « Blancs » au Zimbabwe avaient été acquises après l'indépendance et dans le respect du droit de préemption auquel l'État devait renoncer pour permettre la transaction[7]. David Stevens, la première victime des envahissements de fermes orchestrés par le gouvernement, avait acquis son bien dans ces conditions. Il avait quitté l'Afrique du Sud en 1986, du temps de l'apartheid, pour vivre avec son épouse suédoise, Maria, et leurs enfants dans un pays sans ségrégation raciale : Stevens y est mort, le 1er avril 2000, au terme de longues heures d'agonie ; on lui avait fait avaler un bidon de diesel.

Vu des hautes cimes de l'Histoire, l'assaut donné aux fermes commerciales zimbabwéennes se solde par un transfert de patrimoine foncier à grande échelle, plus de 60 000 paysans vivent désormais avec leurs familles sur les terres des quelque 2 000 ex-propriétaires chassés[8]. La pérennité de cette redistribution reste sujette à caution, faute de sécurité juridique ; quand la force prime sur le droit, l'arbitraire a tendance à se reproduire. Quoi qu'il en soit, la grande manœuvre de diversion de Robert Mugabe n'aurait pas été populaire si, par-dessus le ressentiment anti-Blancs auquel il faisait appel, la pression démographique n'avait pas puissamment favorisé son dessein. Certes, avec 42 habitants au kilomètre carré, le Zimbabwe est tout sauf surpeuplé. Mais depuis que Cecil Rhodes et sa British South Africa Company, mandatée par la Grande-Bretagne, s'emparèrent de force des meilleures terres au nord du Limpopo, la population dans ce qui est aujourd'hui le Zimbabwe est passée de 700 000 habitants, en 1900, à plus de 16 millions en 2017 (soit deux fois plus qu'à l'indépendance, en 1980). Si le nombre des Français avait augmenté dans les mêmes proportions, l'Hexagone compterait à présent 855 millions d'habitants – et, probablement, l'on s'y battrait pour chaque mètre carré du territoire.

Nul besoin d'enfoncer, une à une, des portes ouvertes. Il tombe sous le sens qu'en matière de santé, d'éducation, d'emplois, d'urbanisme, d'équipement en infrastructures et de services publics, le nombre d'habitants fractionne les ressources d'une société dès lors que celle-ci peine à libérer les capacités productives de ses ressortissants. En revanche, moins évidentes sont les mutations en profondeur liées au « profil démographique » d'une population, c'est-à-dire à l'équilibre entre ses cohortes d'âge. Au sud du

Sahara, la question cruciale est de savoir ce que la prépondérance des jeunes change au sein de sociétés accordant traditionnellement une prime à l'âge. Ou, en sens inverse, ce que les vieux, qu'ils soient sages ou non, emportent avec eux quand ils sont noyés dans une multitude plus dynamique qu'eux mais, aussi, moins mise à l'épreuve par la vie.

La « naissance » de la jeunesse

Les stades successifs de la vie – l'enfance, la jeunesse, l'âge adulte et la vieillesse, sans parler de ces créations marketing que sont les *teenagers* ou les « pré-ados » – nous paraissent naturels, quasiment des données brutes biologiques. À tort. Car ils sont « nés » à des moments précis et liés à des conditions d'émergence particulières. Ainsi, comme l'a mis en relief l'historien Philippe Ariès, l'enfance est-elle « née » en France au XVIIe siècle, quand une première baisse de la fécondité et un début de contrôle des naissances ont approfondi l'attachement affectif des parents à leurs enfants[9]. La jeunesse, elle, est « née » à l'époque de la révolution industrielle d'une division du travail tellement plus poussée, et fondée sur des savoirs si spécifiques, que l'éducation mimétique des « petits » faisant comme les « grands » et, en particulier, comme leurs parents, devint insuffisante. Depuis, entre l'enfance et l'âge adulte avec ses pleines responsabilités, s'intercale un stade de la vie où les jeunes sont, pour ainsi dire, « mis de côté » pour être préparés à une vie professionnelle dans un monde du travail brisé en mille morceaux par la fragmentation des domaines de compétence. Les parents envoient leur progéniture dans des institutions – écoles, ateliers d'apprentissage, universités… – où des professionnels la « forment ». Depuis que le niveau d'instruction de la population est devenu un vecteur de puissance étatique, les parents y sont contraints et forcés par la loi et paient souvent pour cette prise d'otage censément bénéfique.

En Afrique, avant l'ère coloniale, il n'y avait pas de « jeunesse » au sens où nous l'entendons. Bien sûr, il y avait des jeunes, c'est-à-dire des *minus habens* en nombre d'années ou de saisons de récolte, selon le repère pour comptabiliser le temps ; nombre de sociétés au sud du Sahara étaient structurées par une organisation complexe en classes d'âge. Pour autant, la différence catégorique que nous associons au mot « jeunesse » n'existait pas, pas plus que la division du travail qui l'a vu « naître » en Europe. L'initiation et d'autres rites de passage déterminaient le statut et le poids social respectifs de chacun au cours de sa vie. Ce qui reste d'ailleurs vrai à ce jour, à l'extérieur de l'Afrique aussi. Partout, une fille-mère de seize ans prenant en charge son enfant est perçue comme étant « plus adulte » que d'autres filles du même âge – ou que le père du même âge, s'il fuit ses responsabilités. De même, l'éternel étudiant, qui vit de l'argent de ses parents et, parfois, sous leur toit, passe pour « plus jeune » que son cadet ouvrier, qui gagne déjà sa vie. En Afrique comme ailleurs, dans le passé comme au présent, la jeunesse – à l'instar de toutes les différences catégoriques liées à l'âge sans s'y résumer – n'est donc jamais purement biologique mais toujours, aussi, essentiellement sociale.

Prenons l'exemple de deux hommes d'État africains – Jomo Kenyatta, le « père » du Kenya indépendant, et Yoweri Museveni, le président de l'Ouganda depuis 1986 – pour nous faire une idée de ce qu'« être jeune » veut dire au sud du Sahara et comment cette conception a évolué depuis la fin du XIXe siècle. Kenyatta comme Museveni ont écrit sur leur jeunesse, le premier dans un livre – *Facing Mount Kenya* – publié en 1938 et tiré de sa thèse de doctorat en anthropologie à la London School of Economics ; le second dans une autobiographie – *Sowing the Mustard Seed. The Struggle for Freedom and Democracy in Uganda* – parue en 1997.

Du début à la fin de sa vie, Kenyatta est kikuyu jusqu'au bout des ongles. Il naît au sein de l'ethnie majoritaire au Kenya « vers 1890 », à une époque où l'état civil n'est pas encore une préoccupation. Ses parents, des éleveurs sédentaires, possèdent des moutons et des chèvres en nombre suffisant pour que son père puisse entretenir plusieurs épouses, chacune logée dans sa propre hutte, *nyomba.* « Le foyer est l'école », le creuset où la génération montante assimile l'échelle des valeurs de sa communauté. « Les enfants imitent les aînés », une notion qui dépasse largement la parenté et fait de chaque adulte un éducateur sinon un mentor potentiel. Du reste, « la famille englobe tous ses membres, morts ou vivants ». L'éducation porte sur les « relations personnelles » et les codes de conduite en société bien plus que sur des « phénomènes naturels ». Elle « se confond avec des activités et revient en mémoire quand cette activité est de nouveau requise ». L'objectif principal est « la formation du caractère et non pas seulement l'acquisition de savoir ». La mission pédagogique paraît accidentelle, le fruit d'incidents qui ne semblent pas organisés à cette fin. « Ce sont les à-côtés qui importent dans l'apprentissage. » L'originalité de l'individu est secondaire par rapport à l'identité collective et, logiquement, les exigences du groupe priment. Ainsi l'émulation entre les jeunes est-elle fortement encouragée quand il s'agit de mémoriser chaque animal d'un troupeau. Ne pas reconnaître ses bêtes au sein de troupeaux mélangés est une tare frappée de honte.

L'éducation coutumière chez les Kikuyus évolue mais reste, du moins de notre point de vue, traversée de tensions contradictoires. Par exemple, la liberté sexuelle prémaritale des filles est grande, une expérimentation ludique favorisée, alors que la mutilation génitale des femmes et leur soumission au mari seront de rigueur. Pour marquer le passage des garçons au statut de « guerriers », leurs lobes d'oreille sont percés. Avant Kenyatta, ce fut le cas entre dix-huit et vingt ans. De son temps, la fourchette d'âge avait glissé vers les douze à seize ans. Cependant, ce qui ne change pas, c'est que l'éducation demeure l'affaire de tous. « Dans une vie européenne, l'école est habituellement la première grande influence qui éloigne l'enfant de ses parents et le fait entrer en tant qu'individu dans une relation à part avec l'État. Les garçons et filles kikuyus n'ont pas à vivre cette rupture. » Ce qui ne veut pas dire qu'ils soient condamnés à rester confinés dans leur culture et inaptes à s'ouvrir à une altérité, même radicale. Quand il a près de vingt ans, Kenyatta quitte son village pour entrer en formation dans une école missionnaire chrétienne. Baptisé Johnstone Kamau, il part vivre à Londres et, brièvement, à Moscou. Thésard sous la tutelle de Bronislaw Malinowski, l'un des plus éminents anthropologues du XXe siècle, il ne retourne au Kenya que quinze ans plus tard, au lendemain de la Seconde Guerre mondiale. Il s'engage alors dans la lutte anticoloniale. Tenu, probablement à tort, pour l'un des leaders de la révolte mau-mau, il est condamné à la prison et détenu pendant huit ans avant d'être libéré en 1961. Deux ans plus tard, il mène son pays à l'indépendance.

Yoweri Kaguta Museveni est né dans le sud-ouest de l'Ouganda « vers 1944 », un demi-siècle après Kenyatta. À première vue, son enfance semble tout aussi traditionnelle que celle du leader kenyan. Ses parents, des éleveurs de bétail, l'astreignent aux tâches, souvent dures, dévolues aux plus jeunes, telles que nettoyer le *kraal* en enlevant le fumier à mains nues dès l'âge de quatre ans. À peine plus grand, Yoweri est hissé à califourchon sur le dos d'une vache, une sagaie à la main. « Défends-la ! » : la sommation vaut épreuve de courage et rite d'initiation. Seule la langue tribale, le *bahima,* est pratiquée et l'éducation débute comme « une affaire informelle », toujours centrée sur « la formation du caractère ». Mais, à y regarder de plus près, l'imprécision de la date de naissance est due à une tentative de dissimulation du président, afin de ne pas dépasser la limite d'âge pour être candidat à sa succession. Par ailleurs, comme il l'indique dans son autobiographie, « le système clanique était déjà largement défait » du temps de sa jeunesse. Les enfants vont à l'école publique où le savoir, enseigné en anglais, déborde les expériences qu'ils partagent avec leurs parents. Lesquels ont changé de mode de vie en adoptant la foi chrétienne. Le père de

Museveni reste polygame mais lui et les siens bouleversent leur régime alimentaire. « Avant que ma famille ne devienne chrétienne, nous ne mangeons rien qui ne soit pas un produit dérivé de notre bétail. (...) Nous avons franchi un pas révolutionnaire en ajoutant à la viande de bœuf et au lait des haricots des patates douces ou, encore, des cacahuètes. (...) Devenir chrétien était une forme de modernisation. » À dix-sept ans, Museveni embrasse une confession évangéliste. Le christianisme *born again* l'attire par l'importance qu'il attache à « la discipline personnelle » et à « l'enseignement moral – l'idée qu'il ne fallait pas gaspiller sa vie ».

« Nous ressemblons plus à notre temps qu'à nos pères », enseigne un proverbe arabe. De Kenyatta à Museveni, ce qu'« être jeune » veut dire évolue dans une Afrique qui, elle-même, change considérablement. Au milieu des années 1960, sous le soleil des indépendances, Museveni peut « déposer ses économies dans un bureau de poste en Ouganda et retirer son argent à Dar es Salam » pour s'inscrire à l'université la plus progressiste en Afrique de l'Est, là où Walter Rodney enseigne – le titre de son futur *magnum opus* : *Comment l'Europe sous-développa l'Afrique*. Museveni y côtoie, entre autres, John Garang, le leader en herbe de la rébellion sud-soudanaise, et Stokely Carmichael, la « panthère noire » américaine en délicatesse avec d'autres fauves de son bestiaire qui opère alors un « retour aux sources » en Afrique. Museveni rue dans les brancards. Lorsque le président tanzanien, Julius Nyerere, vient s'adresser aux étudiants mais refuse de dialoguer avec eux, il reproche au père du socialisme africain – *ujamaa,* « le sens de la famille » en kiswahili – de « peindre une fausse image de la société africaine idéale alors que celle-ci a été foutue en l'air par les Européens ». Au sujet de ces derniers, l'idée du jeune étudiant est arrêtée : « Les Blancs ne sont pas sincères. »

Nous nous rendrions coupables d'une généralisation tout aussi abusive en prétendant que l'aperçu de deux jeunesses africaines permettrait de comprendre ce qu'« être jeune » voulait dire au sud du Sahara entre la fin du XIXe et le mitan du XXe siècle. Toutefois, la vague idée que nous venons de nous faire des conditions – différentes au départ et changeantes au fil du temps – dans lesquelles grandirent Jomo Kenyatta et Yoweri Museveni nous permet quand même de savoir que le premier n'aurait jamais écrit les phrases figurant, dès la préface, dans l'autobiographie du second. Alors que Kenyatta laisse à Malinowski le soin de préfacer son livre et expose la culture kikuyu avec la sympathie de quelqu'un l'assumant comme la sienne, Museveni relève « une métamorphose sociale incomplète » chez les siens et explique : « Je me suis rendu compte que mon peuple était mal parti, et j'ai décidé de l'éduquer. » À l'heure où j'écris ces lignes, cette mission est en cours depuis plus de trente ans. Elle ressemble de plus en plus à un règne autocratique, et de moins en moins à un mandat populaire.

Des suicides en redingote bleue

En archéologue du savoir, Michel Foucault a parlé de « l'euro-construction de la jeunesse ». Mais cet âge « né » sur le Vieux Continent s'est mondialisé et recouvre dorénavant des réalités très disparates, dont cette conception de la jeunesse singulièrement protectrice – au risque de déresponsabiliser – qui est celle de la classe moyenne américaine (à supposer que cette vaste catégorie sociale définisse encore quelque chose de saisissable). À l'échelle mondiale, la jeunesse existe aujourd'hui, y compris là où les conditions ayant permis son émergence en Europe n'ont jamais été réunies. L'idée d'une parenthèse consacrée à « devenir » pour ensuite mieux « être », d'un âge où maturité physique et minorité sociale se confondent dans une tension, et une rétention, productives à long terme, a fait le tour du monde. Sa diffusion a bénéficié de subventions – l'aide sous toutes ses formes publiques et privées – sans commune mesure avec ce que des pays pauvres pourraient mettre à la disposition de leurs cadets sociaux. La jeunesse est devenue une réalité aussi lourde de conséquences en Afrique qu'ailleurs. Mais, à l'instar de la classe moyenne américaine, elle souffre d'un trop-plein au sud du Sahara : 80 % de la population ayant moins de trente ans, cette catégorie d'âge y est aussi floue que la catégorie sociale par défaut aux États-Unis.

Les deux catégories valent le coup d'œil. La classe moyenne américaine n'est aussi hégémonique qu'à condition de la « définir » par des revenus annuels par foyer compris entre 30 000 et 350 000 dollars, une fourchette qui n'exclut que 2 % de riches et 10 % de pauvres officiels, les nababs et les misérables ; l'inégalité grandissante au sein de la vaste majorité – 88 % – se trouve masquée par cet écran statistique tendu à l'extrême. La jeunesse africaine, elle, est comprise dans une fourchette convenue, généralement, entre dix-huit et vingt-cinq ans, bien que la jeunesse soit une condition sociale, certes liée à l'âge d'une personne mais irréductible au nombre d'années dans des contextes variant grandement dans l'espace et le temps. Ce n'est pas parce qu'un Américain, un Japonais et un Nigérian ont tous les trois vingt ans qu'être jeune signifierait la même chose à New York, à Tokyo ou à Lagos. De même, être jeune dans l'Allemagne d'Angela Merkel n'a pas grand-chose en commun avec cette condition dans la *Kulturnation* allemande – pas encore politiquement unifiée – vers la fin du XVIIIe siècle, quand un génie précoce, Goethe, souleva « tempête et passion » en publiant *Les Souffrances du jeune Werther*. Des fils de bourgeois avec trois poils au menton se procurèrent alors une redingote bleue à mettre par-dessus un gilet jaune, glissèrent un exemplaire du best-seller dans leur poche et se suicidèrent en série par chagrin d'amour.

Dans son étude sur *L'Union des jeunes de Thiès*, au Sénégal, le regretté Jean Suret-Canale, grand connaisseur de l'Afrique méconnu du grand public, nota en 1992 : « Le terme "organisation de jeunesse", en Afrique, prête à équivoque pour le lecteur européen. Pour celui-ci, le terme de "jeune" s'applique en règle générale aux moins de 25 ans (18-25 ans, en gros), à l'extrême rigueur aux moins de 30 ans. En Afrique, et d'une manière générale dans toutes les sociétés plus ou moins marquées par l'organisation en "classes d'âge", l'emploi du terme "jeunes" s'entend communément par opposition aux "aînés" ; il concerne les hommes dans la force de l'âge (ceux qui, naguère, fournissaient les combattants), par opposition aux "anciens" qui détiennent, avec l'âge, l'autorité ; la “jeunesse” ainsi comprise peut s’entendre jusqu’à quarante ans, voire au-delà[10]. » Elle marque un statut social bien plus qu’un stade de la vie. Pour tenir compte de cette réalité, l’Union africaine a d’ailleurs fixé la limite supérieure de sa définition de la jeunesse à trente-cinq ans, ce qui ne manque pas d’étonner à l’extérieur du continent.

Le dilemme comparatif est sans solution. Alors que la signification de la jeunesse change à travers le temps et l’espace, le plus petit dénominateur commun entre des jeunes de différentes époques ou terres d’attache – à savoir une fourchette d’âge pour les identifier – est non seulement arbitraire mais, aussi, dépourvu de sens social. À la question de savoir ce que « sont » des jeunes à un moment et dans un lieu précis, la réponse « ils ont entre dix-huit et vingt-cinq ans » est ridiculement courte. Cependant, il n’y en a pas de meilleure.

Les frères et sœurs dans la foi

Avec la révolution du quotidien par la téléphonie mobile, qui est en cours et dont nous parlerons plus loin, la transformation la plus profonde de l’Afrique contemporaine est liée à son renouveau religieux, tant du côté musulman que chrétien, depuis la fin des années 1970[11]. L’enjeu détermine l’avenir des deux grands monothéismes car, en raison de sa démographie, l’Afrique subsaharienne est leur terre d’avenir. Elle représentait 16 % des musulmans et 26 % des chrétiens dans le monde en 2015, mais en comptera 27 % et 42 % – plus de quatre chrétiens sur dix – en 2060.

Si une nouvelle foi apporte la réponse, quelle était la question ? Côté chrétien, le renouveau est évangélique, du prophète dans un bidonville à la fédération mondiale, dans une grande diversité théologique. L'efflorescence de cultes protestants, prometteurs de « guérisons » et d'autres « miracles » et, en attendant, dispensateurs d'entraide et de moments fusionnels grâce à des liturgies participatives, est souvent résumée dans le terme « révolution charismatique ». Au niveau de l'expérience, *rupture by rapture,* « la rupture par le ravissement », voire l'extase, résume le lien que ces cultes nouent entre spiritualité alternative et performances spectaculaires. Côté musulman, un terme générique ne s'est pas encore imposé pour les nouvelles expressions, souvent salafistes, de la foi islamique dans le quotidien africain ; mais les médias précisent volontiers qu'elles sont « radicales » dans leur opposition aux valeurs et à une rationalité supposées « occidentales ». Ce qui fait parfois oublier que le pentecôtisme et d'autres dénominations évangéliques ne sont guère moins virulentes. Certes, des guerres saintes pour l'avènement de règnes millénaristes sont rares ; mais les joueurs de flûte de Hamelin visant à entraîner la jeunesse ne le sont pas. Paul Gifford a touché juste quand il a appelé les nouveaux temples évangélistes *youth churches*, les églises des jeunes[12]. Sous leur influence, les deux « majorités minorées » au sud du Sahara que sont les jeunes et les femmes quittent la cité, au sens politique sinon au sens propre du terme, pour se réinventer en dehors, dans leur vie privée ou en exil.

Depuis quarante ans, les croyances évangéliques sont le ferment d'un changement plus conséquent que ne sauraient l'être la conquête de l'État et le contrôle des leviers politiques. L'Afrique *born again* est la négation en bloc de l'Afrique traditionnelle. L'« évangile de la prospérité », la bénédiction du succès sonnant et trébuchant, suspend les règles de réciprocité et affaiblit les liens de parenté par la solidarité entre « frères et sœurs dans la foi ». Avec leur Dieu comme allié tout-puissant, de nouveaux sujets – plus individualistes que leurs parents mais moins isolés que les Occidentaux – résistent à la pression de la famille étendue à un moment où le grand nombre des jeunes sans moyens compromet les temps forts de la sociabilité traditionnelle, les « rendez-vous du donner et du recevoir ». Pour puiser un exemple dans la vie de tous les jours, la règle élémentaire au sud du Sahara, qui veut qu'un parent rendant visite soit automatiquement convié à partager le repas de ses hôtes, devient difficile à respecter quand de nombreux « cousins » transforment la salle à manger en réfectoire sans être en situation de rendre l'invitation à leur tour. Le respect de l'étiquette mènerait à la ruine ceux qui s'en sortent encore. Le foyer évangéliste, aujourd'hui souvent une famille nucléaire, s'y refuse et n'hésite pas à montrer la porte aux cousins, peut-être même en les sermonnant sur la nécessité de plaire à Dieu par la réussite au lieu de vivre « en parasites ».

Nicolas Argenti constate « le rejet de tout ce que les anciens représentaient » et explique que le pentecôtisme « a pour but essentiel d'instaurer un état permanent de rupture avec le passé grâce à un renouveau perpétuel sur le plan personnel afin de s'affranchir de l'asservissement par Satan – Satan pouvant être vu comme l'incarnation des structures gérontocratiques si aliénantes pour les jeunes[13] ». La révolution charismatique tend ainsi à effacer l'âge et le genre masculin comme *les* critères d'admission aux places convoitées. L'expérience de la vie, dans le passé exaltée comme sagesse, est reléguée au second rang par le savoir plus utile des « natifs du numérique », ces jeunes habitués du portable et de l'Internet. Le statut et le rôle des jeunes femmes, en particulier, s'en trouvent bouleversés. Mais c'est la libération à tous les étages subalternes, au prix de nouvelles servitudes pour les êtres « réformés », telles qu'une hygiène de vie exigeante et une responsabilité volontariste sans excuses : finis l'« heure CFA », le verbe grivois et le gosier en pente, place au réveil-matin sinon à l'Apple Watch, aux propos de circonstance et à la modération. L'Africain *born again* a peut-être encore le cœur à la danse mais rejette les fêtes sans fin, les sacrifices et le passage au bois sacré. Par son nouveau mode de vie, il conteste les traditions dites « africaines », y compris la récrimination postcoloniale devenue coutumière, comme autant de blocages sur la voie du progrès. Ce qui fait de la révolution charismatique une sorte de mission civilisatrice d'inspiration divine conduite par des jeunes.

Bien sûr, la révolte de jeunes galvanisés par leur religion ne date pas d'aujourd'hui. En pays musulman, Murray Last a mis en perspective la récurrence de leur contestation dans un article consacré au nord du Nigeria depuis le début du XIXe siècle[14]. Il y constate que des jeunes – *yara* – inspirés par leur foi ont renversé, à quatre reprises, l'ordre incarné par les vieux, *dattijai* : d'abord, quand ils se firent les épées du Coran dans le cadre du djihad mené de 1804 à 1808 pour instaurer le califat de Sokoto ; puis, entre

1900 et 1910, face à la mainmise coloniale britannique et la « faillite » de leurs aînés ; ensuite, au cours des années 1950, dans la lutte pour l'indépendance au sein de partis politiques, le nouveau moyen de mobilisation de masse ; enfin, depuis la seconde moitié des années 1990, en promouvant la *charia* – littéralement : le « bon chemin » menant à un point d'eau dans le désert – comme dernier rempart contre la corruption et l'occidentalisation des mœurs. Depuis 2000, les douze États septentrionaux de la fédération nigériane appliquent, à des degrés divers, la loi coranique en plus ou à la place du droit coutumier hérité de la colonisation. Hors contexte local, la popularité de la *charia* et des leaders ou mouvements mis à l'index par l'Occident – hier Oussama Ben Laden, aujourd'hui l'État islamique et Boko Haram, dont le nom dénonce l'éducation occidentale comme religieusement « interdite » aux musulmans – n'est pas facile à comprendre. Mais, de l'extérieur, il est aussi difficile de s'imaginer à quoi un quotidien ressemble quand tout s'achète et tout se vend, du permis de construire à la vertu d'un fonctionnaire ou d'une fille, jusqu'aux diplômes ; quand un gouvernement local ne se réunit qu'une fois par an, le jour du transfert de l'allocation fédérale censée financer ses activités annuelles ; quand, à la requête d'un cacique local, les forces de l'ordre rasent un quartier et tuent aveuglément pour punir ses habitants de leur « complicité » avec un rival politique. Dans ces circonstances, on ne demande pas mieux que de se réfugier – comme jadis l'aventurière Isabelle Eberhardt, alias Si Mahmoud Essadi – *Dans l'ombre chaude de l'islam*.

Le monde des vieux paraît souvent aux jeunes éminemment condamnable. Murray Last souligne que les quatre « inversions du pouvoir » dans le nord du Nigeria ont, paradoxalement, rendu plus perméable la démarcation antérieure entre jeunes et vieux comme, quasiment, deux castes d'âge. À telle enseigne que l'auteur se demande si les *yara* cherchent vraiment à supplanter les *dattijai*, ou s'ils ne visent pas plutôt à seulement contraindre les vieux à faire de la politique comme eux, c'est-à-dire d'une nouvelle façon. C'était en tout cas l'intention initiale d'Al-Shabaab, la « Jeunesse » de l'Union des cours islamiques qui était au pouvoir en Somalie en 2006, quand l'Éthiopie a envahi leur pays avec l'accord, sinon à l'instigation, des États-Unis. *Al-Shabaab* a alors pris la tête de la résistance nationale, en digne héritier de la Ligue de la jeunesse somalie, le premier parti fondé dès 1948 pour faire advenir une Somalie réunifiée et indépendante – un but atteint en 1960. Hors contexte religieux et dans l'ancien pays de l'apartheid, cela rappelle le défi lancé par la Ligue de la jeunesse de l'ANC, dirigée par Nelson Mandela. Lequel déclencha la lutte armée contre la discrimination institutionnalisée le 16 décembre 1961 – le lendemain de la remise à Oslo du prix Nobel de la paix au président de l'ANC, Albert Luthuli – pour forcer la main aux vieux notables à la tête du mouvement anti-apartheid, « trop gandhiens » à son goût.

En 2003, Richard Cincotta, Robert Engelman et Daniele Anastasion, trois démographes proches des services de sécurité américains, ont apporté leur pierre à la refondation de leur discipline. Une pierre d'apparence modeste s'agissant d'une brochure d'une centaine de pages – des graphiques et des statistiques enguirlandés de textes – titrée : *The Security Demographic : Population and Civil Conflict After the Cold War.* Mais l'étude porte sur la première décennie de l'après-guerre froide et un large échantillon de pays, pas seulement africains. En considérant quatre facteurs – une cohorte de jeunes, âgés de quinze à vingt-neuf ans, dépassant 40 % de la population adulte dans son ensemble, de quinze à soixante-quatre ans ; une croissance urbaine supérieure à 3 % par an ; l'incidence du HIV/sida et, enfin, la disponibilité en terres arables et en eau potable – les auteurs mettent en évidence des corrélations plus ou moins fortes avec l'occurrence de violences collectives, la plupart du temps des guerres civiles. Sous le trait, la présence de très nombreux jeunes – le fameux *Security Demographic* contenu dans le titre – se révèle décisive. Dans les années 1990, une pyramide des âges très large à la base – c'est-à-dire avec un *youth bulge* – plus que doublait la probabilité pour un pays de connaître une guerre civile alors que la rivalité pour la terre et l'eau n'augmentait pas grandement le risque d'un conflit interne. Or, les deux autres facteurs – l'urbanisation rapide et l'épidémie de sida – sont en fait des mesures indirectes de la jeunesse d'une population, puisque ce sont surtout des jeunes qui quittent les villages pour les villes et qui, étant sexuellement les plus actifs, se trouvent plus souvent contaminés par le HIV.

Haro sur les jeunes ? Oui et non. Oui, puisque l'étude accrédite l'idée qu'une multitude de jeunes – en fait, de jeunes hommes – augmente le risque de conflits armés au sein d'une société, toutes choses égales par ailleurs. Non, parce que ces jeunes ne sont présentés comme belliqueux qu'au regard de leurs conditions de vie – éducation, accès à un emploi, santé, statut dans la hiérarchie générationnelle... –, qui dépendent de la qualité de gouvernance dans leur pays. L'un dans l'autre, on redécouvre ce que tout assureur aurait pu nous apprendre d'expérience : le gros des accidents de circulation n'est pas le fait de dames âgées mais de jeunes hommes ; pour autant, tous les jeunes hommes n'évacuent pas leurs frustrations au volant.

The Security Demographic a frappé le premier des trois coups de brigadier marquant le retour de la démographie sur scène. Deux autres publications, également des ouvrages collectifs, ont paru en 2007 et 2011 : *The Shape of Things to Come : Why Age Structure Matters to a Safer, More Equitable World* et *Political Demography : How Population Changes Are Reshaping International Security and National Politics*[15]. Tous trois ont en commun de tourner la page d'une démographie obnubilée par l'« explosion démographique » et les problèmes, supposés insurmontables, pour nourrir un monde de plus en plus peuplé. Il était temps de clore ce chapitre. Depuis *The Population Bomb,* le succès de librairie publié en 1968 par Paul Ehrlich, la démographie était restée confinée dans sa loge de gardienne des ressources planétaires. En 1980, elle a été relayée dans ce rôle par la Commission Nord-Sud dont le rapport, rédigé sous la présidence de l'ex-chancelier allemand Willy Brandt et sous-titré « Un programme de survie », avait repeint le catastrophisme aux couleurs tiers-mondistes du jour. Depuis, en pointant la montée des périls climatiques, l'écologie politique a reformulé ce message dans un nouveau langage.

Le « profil démographique » d'une population, c'est-à-dire non seulement son importance numérique et sa croissance mais, aussi, le poids respectif de ses cohortes d'âge et les dynamiques entre celles-ci, fournit des données aussi fondamentales que les conditions socio-économiques prévalant au sein d'une société. Mais nous acceptons plus volontiers l'idée que ce soit l'économie qui puisse conditionner notre sort plutôt que la démographie. À tort, je pense, d'autant que la reproduction matérielle d'une communauté et sa reproduction tout court sont intrinsèquement liées. Il n'y a donc pas de raison pour, d'un côté, penser que l'économie fixe la marge de manœuvre d'une société et, de l'autre, s'irriter de l'influence que pourrait avoir la démographie sur son devenir. Ni l'une ni l'autre n'émet un verdict sans appel. Le père de la sociologie moderne, Auguste Comte, souvent cité à ce propos, disait que « la démographie est le destin ». Mais il n'est pas question de causalité, l'invariable succession entre deux phénomènes, seulement d'un jeu ouvert de probabilités. Toutes choses égales par ailleurs, une issue est plus *vraisemblable* que d'autres.

Sur cette base, le profil démographique exceptionnellement jeune des sociétés subsahariennes diminue leurs chances de consolider des systèmes démocratiques. Toutes les études attestent cette forte corrélation négative. Cela dit, les rares études comparant l'instabilité politique dans des pays montagneux ou des pays plats attestent aussi le caractère plus « rebelle » d'un relief accidenté… Corrélation n'est donc pas raison, même si les économistes confirment la fragilité démocratique des jeunes sociétés relevée par leurs collègues démographes. Paul Collier résume ainsi leurs recherches : « La démocratie est dangereuse pour des pays à faible revenu [par tête d'habitant], et la dictature est dangereuse pour les pays à fort revenu[16]. » Dans les deux cas, pour des raisons opposées, l'instabilité menace le système. Dans un contexte de pénurie, la liberté de revendiquer le fait exploser, alors qu'il implose quand les revendications sont bâillonnées bien que les moyens existent pour les satisfaire.

Comment expliquer le « handicap démocratique » des pays pauvres au sud du Sahara ? Pour commencer, il convient de clarifier un point important : l'argument ne porte pas sur l'avènement mais sur la *consolidation* de la démocratie. Pour l'avènement, il vaut ce que nous avons déjà dit au sujet de la jeunesse : à partir du moment où l'idée d'une parenthèse ouverte pour mieux former ses jeunes se trouve sur la place publique, désormais mondiale, quiconque la juge désirable peut se l'approprier. Il en va de même pour la démocratie. Que ses conditions d'émergence soient aujourd'hui réunies ou non dans une partie du monde importe peu. Étant historiquement advenue, la démocratie est à la libre disposition de ceux qui veulent l'instaurer chez eux. En revanche, il ne suffit pas de vouloir pour pouvoir réunir les conditions de son enracinement. Près de quarante ans après que « le vent de l'est » eut emporté les satrapies africaines de la guerre froide, et malgré la « relance » qu'aurait pu être le Printemps arabe, l'état de la démocratie en Afrique atteste ce fait. Sur le continent, la souveraineté populaire ressemble au festin du Barmécide dans *Les Mille et Une Nuits* : il n'y a abondance qu'en apparence ; en réalité, la table est vide parce que le riche hôte se moque de son pauvre invité, le mendiant Schacabac qui, par crainte, l'imite en faisant semblant de manger jusqu'à ce que, pressé de « boire le bon vin aussi », il frappe le puissant sous prétexte d'ivresse…

Une première raison expliquant la fragilité de la démocratie africaine tient à l'instabilité inhérente à des sociétés se trouvant dans l'incapacité de répondre aux besoins fondamentaux d'une multitude de jeunes aspirant à bâtir leur vie. Si, comme Hobbes le soutient dans le *Léviathan*, l'État s'affirme grâce à une délégation de pouvoir visant à éviter « la guerre de tous contre tous », les possédants en Afrique ont intérêt à appuyer de toutes leurs forces un « régime fort », fût-ce en amputant leur propre liberté, pour tenir en échec la masse des *desperados*. Une autre raison est avancée par l'historien et sociologue américain Charles Tilly[17]. Il part du principe que la démocratie s'enracine là où les relations entre l'État et ses citoyens sont inclusives, fondées sur l'égalité et protégées contre l'abus de pouvoir, en même temps qu'elles entraînent des obligations mutuelles. Or, l'« inégalité catégorique » qu'est l'âge au sud du Sahara en raison du droit d'aînesse est une entrave majeure, au même titre que l'exclusion du suffrage universel des femmes ou des Noirs constitua longtemps un déficit démocratique dans des pays occidentaux. Pour surmonter ce handicap, la masse des jeunes citoyens de seconde zone en Afrique devra s'émanciper et former les bataillons d'une vraie démocratisation. Mais ce combat est loin d'être gagné.

Jacques Chirac a soutenu, en février 1990, que « l'Afrique n'est pas mûre pour le multipartisme », ce qui voulait dire : pour la démocratie, dans le contexte des foules, qui emplissaient alors les rues dans les capitales subsahariennes pour obtenir le droit de créer les partis de leur choix et concourir librement dans des élections pluralistes[18]. Jacques Chirac avait triplement tort. D'abord, parce que son principal argument – l'existence d'ethnies « rivales » – est irrecevable. Sinon l'existence de classes sociales, de communautés religieuses ou de tout autre clivage rendrait pareillement l'arbitrage des urnes trop périlleux, et il n'y aurait de démocratie nulle part. Il avait tort, ensuite, aussi évidemment que l'on apprend à jouer de la harpe seulement en jouant de la harpe – et non pas en attendant d'être mûr pour le faire. Enfin, il avait tort parce que la démocratie n'est plus à inventer, et que tout peuple est libre de la choisir. En revanche, il avait raison dans la mesure où la masse des jeunes dans l'Afrique contemporaine, et son « inégalité catégorique » au sein de la cité, déstabilise la démocratie. En particulier au sud du Sahara, la consolidation démocratique demeurera une tâche plus ardue qu'ailleurs pendant encore deux ou trois générations.

À l'instar du Pays imaginaire de Peter Pan, l'Afrique est l'île-continent de la jeunesse. Quand

« le garçon qui ne voulait pas grandir » retourne dans la maison des Darling à Londres pour y chercher son ombre qu'il a oubliée lors d'une précédente visite, il réveille Wendy et ses deux jeunes frères. Ils s'émerveillent qu'il sache voler. Il les invite alors à l'imiter, et ils y parviennent... presque. Pour voler, il ne suffit pas d'y croire ; il faut en plus un peu de magie, en l'occurrence la poudre de la fée Clochette. Les voilà donc tous partis, par la fenêtre, en route pour le Pays imaginaire, qui est un vrai cauchemar : il n'y a pas seulement l'affreux capitaine Crochet, des pirates, un crocodile méchant, des Peaux-Rouges et point de filles, avant l'arrivée de Wendy ; il y a aussi un « règlement » qui frappe de mort les garçons devenant adultes. Peter Pan les trucide. Il est « joyeux, innocent et sans cœur », c'est-à-dire qu'il ne fait pas la différence entre la réalité et le jeu et, en plus, oublie tout, sauf sa petite personne. Il est d'autant plus fier de lui qu'il n'a ni passé – oublié – ni futur, refusé. En fait, Peter Pan n'est rien parce que, s'il était quoi que ce soit, il s'inscrirait dans la durée. Or, il vit dans l'éternel présent. Il est perpétuellement en train de devenir, sans jamais être. Comme la jeune Afrique.

III

L'Afrique émergente

Au sud du Sahara, des gratte-ciel se construisent en même temps que des huttes de torchis ; la téléphonie en 4G coexiste avec les « tambours parleurs », et des compétitions méritocratiques – dans le sport ou les concours d'entrée aux grandes écoles – dépendent de « sacrifices » autres que l'ardeur à l'entraînement ou à l'apprentissage. « Tous les temps sont éternellement présents », dit T.S. Eliot dans ses *Quatre quatuors*. Il ajoute que, si le passé contient le présent et le futur sur le mode potentiel, et qu'il reste contenu dans ce qui advient, les temps sont *irredeemable,* ce qui veut dire à la fois non remboursables, non convertibles en espèces et inexpiables. Cela me semble vrai, plus encore qu'ailleurs, dans l'Afrique contemporaine.

Quand les *Quatre quatuors* ont paru, en 1943, un philosophe juif-allemand réfugié aux États-Unis, Ernst Bloch, travaillait dans la librairie de l'université de Princeton à l'œuvre de sa vie. Il voulait l'appeler *Rêves d'un monde meilleur* ; elle n'a été publiée qu'au milieu des années 1950, sous le titre *Le Principe Espérance.* Dans cette longue réflexion sur le temps et les utopies qui le traversent, il a forgé un concept – *die Gleichzeitigkeit des Ungleichzeitigen* – à la limite du traduisible mais que l'on pourrait rendre par « la simultanéité des époques ailleurs successives ». Ce concept implique, bien plus qu'une compression historique, la fin de l'orthogenèse, c'est-à-dire de l'idée de « stades » de développement à parcourir comme autant de points de passage obligés sur la voie du progrès (une idée qui est le passe-droit de toutes les « missions civilisatrices », du colonialisme aux ONG modernes). L'Afrique est sous-développée, certes, mais elle n'est pas « arriérée », elle est ailleurs. La concomitance du « vieux » et du « neuf » y est singulière, plus forte que dans d'autres parties du monde. Nulle part autant qu'au sud du Sahara, les temps ne se télescopent avec une violence aussi contrastée, tantôt créatrice tantôt destructrice, à l'image de cette multitude de jeunes, tantôt fer de lance du progrès, tantôt vandales, *makers* et *breakers* à tour de rôle.

Dans l'Afrique contemporaine, l'on peut naître à Nioro, au fond du Sahel, et devenir astrophysicien à la NASA, puis Premier ministre du Mali et, enfin, président de Microsoft Afrique. Cependant, pour un Modibo Diarra au destin hors pair, combien d'Africains anonymes meurent avant d'avoir cinq ans ? Combien fréquentent des écoles – quand ils, et surtout elles, vont à l'école – dont le niveau ne les prépare guère à la compétition mondiale ? Combien arrivent sur le marché du travail sans aucune chance d'y trouver un emploi rémunérateur ? Combien vont être vieux sans être adultes, c'est-à-dire sans avoir les moyens de quitter le domicile parental, fonder leur propre foyer et vivre la vie de leur choix ? L'Afrique, l'île-continent des jeunes, est aussi l'archipel des adultes en échec, en attente d'une vie pleine qui se refuse à eux.

La tension entre l'exception et la règle nourrit la querelle entre les afro-optimistes et les afro-pessimistes. En fait, il s'agit d'une double querelle. Elle porte sur ce que l'Afrique est, ici et maintenant, et sur ce qu'elle porte en elle en germe, son « potentiel » d'avenir, en même temps que sur la manière d'appréhender les deux. À ce dernier titre, l'Afrique est pour les uns « un lieu dans le monde[1] » comme n'importe quel autre, certes avec son histoire propre mais sans différence essentialiste ; un lieu auquel s'applique le mètre étalon universel, d'autant plus que ses habitants l'appliquent eux-mêmes en aspirant massivement à vivre « à l'occidentale », quitte à fuir leur continent. Pour les autres, l'Afrique est soit un continent à part, à nul autre pareil et souvent mystérieux, soit un fantasme de l'Occident, voire son « invention[2] ». De la même manière que Edward Saïd a soutenu que l'Orient n'existait qu'à travers l'orientalisme occidental, ils pensent que l'Afrique est la grande hétérotopie de l'Occident, son fantasme pour loger l'alter ego irrémédiablement autre.

Sans doute comme beaucoup de ceux qui s'intéressent de longue date à l'Afrique, je suis las du dialogue de sourds entre afro-optimistes et afro-pessimistes. Las, aussi, de la pirouette pour en sortir consistant à rappeler, en adepte du bon sens, « qu'il ne faut avoir aucun a priori » et, donc, renvoyer les deux façons de voir dos à dos. En Afrique, la querelle entre optimistes et pessimistes est irréductible à l'alternative insipide entre « un verre à moitié vide et un verre à moitié plein ». Elle y est marquée par une véhémence viscérale, qui pousse à s'étriper. D'où vient cette virulence ? Je crois qu'elle traduit l'extrême polarisation des âges au sud du Sahara. Les uns n'y voient que le monde des anciens, le siège du « vrai pouvoir » occulte et immuable derrière des apparences changeantes – « C'est l'Afrique ! » est leur phrase fétiche, aussi péremptoire que faussement explicative d'un éternel retour des choses. Les autres nient la réalité sous leurs yeux parce qu'ils discernent dans l'abondante jeunesse africaine une promesse d'avenir qu'ils cherchent à faire advenir en répétant aux porteurs d'espoir l'impératif de Herder : « Deviens ce que tu es ! » Les pessimistes comme les optimistes décrivent ainsi une Afrique imaginaire, des parcs à thème qu'ils se sont construits, l'un pour des vieux assis sur le bord de leur vie, côté soleil couchant, l'autre – un parcours d'initiation – pour des nouveaux venus qui, à l'aube, croient tout possible. Tous contemplent l'Afrique comme l'une de ces taches d'encre qu'on utilise en psychologie pour que le patient y projette ses fantasmes. Ce n'est sans doute pas un hasard si ce mode diagnostique, inventé en 1921 par le Suisse Hermann Rorschach, a été conçu pour identifier des cas de schizophrénie.

« La vérité est dans l'œil de celui qui regarde. » Certes, mais il n'y a pas qu'un seul observateur. L'image de l'Afrique varie en fonction des perspectives – occidentale, chinoise, arabe,... – mais ressemble tout de même au continent réel dans la mesure où ces multiples points de vue butent sur des faits qui résistent à la distorsion, plus ou moins. L'image est donc floue, pour une autre raison aussi : le continent change au fil du temps, à tout moment. Sa vérité – jamais objective mais intersubjective – se trouve dans le consensus entre différentes façons d'appréhender le continent. Elle nous donne un arrêt sur image alors que l'histoire continue. C'est pourquoi je voudrais cerner les contours du continent émergeant sous nos yeux en comparant l'Afrique cinquante ans *avant* les indépendances avec l'Afrique cinquante ans *après* les indépendances à travers deux films dont le canevas narratif se recoupe, *Out of Africa* et *White Material.* À un siècle de distance, ils racontent l'Afrique à travers les yeux d'une femme européenne gérant, seule et sans succès, une plantation de café.

Secrets de fabrication

Out of Africa s'inspire de l'histoire et des écrits de Karen Blixen, née Dinesen. Entre 1913 et 1931, cette Danoise issue d'une famille noble, qui a perdu son titre mais retrouvé l'aisance, possède « une ferme au pied de la montagne du Ngong » – la phrase d'ouverture de son autobiographie ainsi que du film produit et mis en scène par Sydney Pollack, en 1985, avec Meryl Streep et Robert Redford dans le rôle de Denys Finch-Hatton, l'amant de l'héroïne. Grand succès au box-office, couvert de prix, le film a aplati la vie et l'œuvre de Karen Blixen, plus en dents de scie. Instruite à la maison, n'ayant jamais fréquenté l'école, cette polyglotte mais analphabète sociale cherchait un moyen de s'échapper. Cela devait être une plantation d'hévéas en Asie au bras du fringant écuyer dont elle s'était éprise, le baron Hans Blixen, un cousin maternel. Faute de passion réciproque, ce sera le frère jumeau de

Hans, Bror, et une plantation de café au Kenya. Bror apporte son titre, Karen les fonds pour acquérir une ferme de 16 kilomètres carrés dans les *highlands* de la colonie britannique. Quelque 800 Kikuyus vivent sur cette terre et fournissent la main-d'œuvre pour cultiver du café. L'entreprise est condamnée dès le départ. Le sol est trop acide et l'altitude ne convient pas aux fragiles cerises. Mais il faut attendre cinq ans avant la première récolte pour pouvoir s'en rendre compte. Pour finir, l'incendie de l'entrepôt réduit le rêve en cendres.

Karen Blixen est seule et ne connaît pas l'Afrique. Bror s'en tient à leur contrat de mariage ; il donne son titre et rien d'autre, pas même sa présence. Il passe son temps à chasser en brousse – dans la vraie vie, il fut le meilleur guide de chasse de son époque, admiré et vanté par tous, dont Ernest Hemingway – et « attrape » des filles masaïs et la syphilis qu'il transmet à sa femme. Celle-ci, entre des voyages répétés au Danemark pour s'y faire soigner, exploite la ferme avec l'aide de Farah, son bras droit, et d'un contremaître blanc aux compétences purement techniques. Farah, qui est somali, connaît le Kenya sur le bout des doigts mais n'y est pas chez lui ; imperturbable dans son sentiment de supériorité, il prend de haut les Kikuyus autant que « les Blancs ». Cependant, une relation de confiance, à distance respectueuse mais forte, se noue entre la baronne danoise et son altier interprète. Karen veut améliorer ce qui lui appartient, mettre en valeur et développer ; elle ne s'interroge pas sur une mission qu'elle tient pour noble. Farah lui explique, parmi mille autres choses, que le vieux chef kikuyu rejette son offre d'éduquer les siens parce que l'instruction des jeunes saperait son pouvoir fondé sur la sagesse que confère l'âge.

Pour la première fois dans une production hollywoodienne, des Africains, jusque-là des porteurs de masques tribaux, ont des traits individuels. Pour autant, *Out of Africa* ne trompe pas son public sur la marchandise : l'Afrique y est avant tout décor, une savane ondulée à perte de vue, le royaume des buffles, antilopes et lions, ainsi que des colons. Ceux-ci, orphelins d'une « civilisation » qui vient d'enterrer 8,5 millions de morts dans les tranchées de la Première Guerre mondiale, veulent reconstruire au Kenya un État précapitaliste. L'argent ayant corrompu l'Europe, ils entendent revenir à la nature, à commencer par la leur, en suivant leurs « penchants ». Plus que l'heur et le malheur de la ferme, l'intrigue romantique, qui se développe en parallèle, occupe l'écran. Autre feu follet de brousse, mais plus brillant et énigmatique que Bror, Denys Finch-Hatton incarne la liberté perdue dans les pays développés, la nonchalance face aux soucis matériels, le goût du défi, le temps pour la muse et le déduit. Denys se prête mais ne se donne pas. C'est seulement quand Karen a perdu sa ferme, quand elle est tombée à genoux devant le gouverneur britannique pour implorer le maintien des Kikuyus sur « leurs » terres, que Denys revient et baisse les armes. Dans une maison vide, à la veille du départ de Karen, les deux amants dînent et dansent dans l'harmonie retrouvée. Elle renonce aux gants blancs pour le serveur à table ; il confesse que son ancienne vie, seul mais sans solitude, est « ruinée » à cause d'elle. Le lendemain, pilotant son petit avion de brousse, Denys trouve la mort dans un accident. « Il ne nous appartenait pas, il ne m'appartenait pas », dit Karen sur sa tombe. Quand elle fait ses adieux à Farah avant de retourner au Danemark, et qu'il l'appelle pour la première fois par son prénom et non pas *Msabu,* son titre de maîtresse de maison, Karen lui offre sa boussole. C'est le seul présent qu'elle ait reçu de Denys, la dernière possession dont elle se libère.

White Material, un film de Claire Denis sorti en salles en 2010, avec Isabelle Huppert dans le rôle principal, se déroule dans un pays qui n'est pas nommé mais que l'on reconnaît aisément comme étant la Côte d'Ivoire. Le sentiment anti-Blancs y est comme l'air chaud, suffocant. Une rébellion, d'abord plus insidieuse que manifeste, menace la plantation de café des Vials, une famille française désunie. Maria porte la ferme à bout de bras, avec une énergie tournant à l'acharnement. Quand le danger se précise et que ses ouvriers partent pour se mettre en sécurité, elle recrute des villageois à leur place pour finir la récolte et sauver l'exploitation. Or, son ex-mari ramolli sous les tropiques, André, qui détient le titre de propriété de la ferme, l'a déjà cédée au jeune maire véreux de la ville la plus proche en échange d'une escorte armée pour se mettre à l'abri à son tour. André a hérité la plantation de son père, un vieillard à la pâleur cadavérique qui n'a pas suivi son fils en ville mais vit comme un cloporte dans une dépendance de la ferme. En cela il ressemble au fils unique du couple divorcé, Manuel, sauf que « Manu » ne trouve même plus l'énergie nécessaire pour sortir de son lit. Quand Maria se met en travers du chemin de ses ouvriers pour les retenir, son contremaître burkinabè, Maurice, en tête de leur colonne de mobylettes, refuse sa demande insensée – « l'armée française ne viendra pas nous évacuer, nous, par hélicoptère ». Il lui reproche aussi son obstination et, dans la foulée, son « fils raté ». Touchée au vif, Maria lui crie dessus moins pour le blesser à son tour que pour hurler son désarroi. « Manu » est l'homme de sa vie. Elle est attachée à lui comme à « sa » terre, sans prise réelle sur l'un ou l'autre.

Le scénario de *White Material* est cosigné par Claire Denis, qui a grandi dans diverses colonies françaises où son père fut administrateur civil, et la romancière Marie Ndiaye, dont le père sénégalais a quitté sa mère française et la France quand elle n'avait que un an. Dans leur script, l'Afrique est une matrice rejetant la « matière blanche » – les Blancs et leurs objets compliqués dont ils inondent le continent. La chaleur abrutissante, la poussière rouge de la latérite, les silences de plomb et les bruits assourdissants, les couleurs exsangues des paysages, le chaos, le feu et la mort semblent être ses moyens d'autodéfense. Bien que le film ne couvre que quarante-huit heures, sa chronologie est confuse, un enchevêtrement de flash-backs. *White Material* s'ouvre sur les flammes et la fumée noire consumant non seulement l'entrepôt de la ferme, comme dans *Out of Africa,* mais aussi « Manu », encore vivant mais devenu fou. L'armée gouvernementale a mis le feu aux bâtiments après avoir égorgé les rebelles – des enfants-soldats – dans les lits qu'ils avaient trouvés en envahissant la ferme. On avait vu Maria courir à travers champs, puis s'accrocher à l'extérieur d'un taxi-brousse bondé. Mais elle n'a pas fui. Elle revient. On se demande pourquoi.

De Karen Blixen à Maria Vial, les « Blancs » sur le continent – des colons, puis des expatriés ou résidents étrangers, mais toujours pas des immigrés… – ont changé, tout comme l'Afrique. « Des parasites au paradis », a fulminé l'écrivain kenyan Ngugi wa Thiongo au sujet de l'idylle coloniale mise en scène dans *Out of Africa*. D'autres ont parlé de la *Happy Valley Set* pour qualifier un groupe d'Européens excentriques, décadents et dépravés à leurs yeux, qui donnaient libre cours à leurs envies dans l'Afrique sous contrôle colonial. En leur temps, dans les années 1920, le Kenya, à peu près de la même taille que la France, comptait 2,5 millions d'habitants et près de 40 000 « Blancs », soit 1,6 % de la population. Aujourd'hui, le pays compte près de 50 millions d'habitants et 70 000 « Blancs », soit 0,14 %. Pour la Côte d'Ivoire, des années 1920 à nos jours, le recul de la présence des Européens est encore plus saisissant. Ce qui frappe, y compris dans des colonies dites « de peuplement » comme le Kenya, est la marginalité des Européens en Afrique. Est-ce, pour autant, « l'Afrique des Africains » ? C'est le paradoxe : au cours du même siècle ayant vu la présence européenne passer de marginale à insignifiante, l'autre *white material* – non pas les personnes physiques mais les objets de leur modernité – s'est multiplié, et son usage s'est démocratisé, au sud du Sahara. Que ces objets soient industriels ou liés à la nouvelle économie numérique, ils ne sont guère produits localement. Depuis *Out of Africa,* les jeunes Africains sont allés à l'école coloniale puis à l'école de leur pays indépendant ; ils ont sapé le pouvoir des « anciens » et remplacé les chefferies par des gouvernements s'appuyant sur des appareils d'État ; ils sont devenus les cadres de leur nation, certains véreux comme le maire dans le film de Claire Denis, d'autres brillantissimes comme Modibo Diarra. Qui, des corrompus ou des figures de réussite, est le plus exceptionnel ? Voilà la mauvaise question, d'autant que les deux se confondent parfois. Le fait capital, celui qui scelle le destin du plus grand nombre, est que les Africains se sont noyés dans la « matière blanche », sans s'en approprier les secrets de fabrication.

L'État, gardien des portes

La « faillite » de l'État postcolonial en Afrique semble entendue. Mais pour être une évidence dans nombre de pays où l'administration est inefficace et la pression fiscale faible, où les biens publics sont rares et les infrastructures défaillantes, cette faillite nous renseigne seulement sur ce que l'État postcolonial *n'est pas*, sans rien nous apprendre sur ce qui lui permet de persévérer dans son être. Soixante ans après les indépendances, cette capacité a pourtant de quoi intriguer. La défausse qu'est la « faillite » de l'État postcolonial fait penser à la définition de Dieu dans la théologie apophatique, qui part du principe que les attributs du Tout-Puissant sont inaccessibles à notre compréhension. Ce qui fit dire à saint Augustin : « Si tu le comprends, ce n'est pas Dieu. »

L'État colonial était marqué par son extranéité. Il était aux mains d'étrangers et, en dernier lieu, le pouvoir résidait en métropole, à laquelle le territoire dépendant était lié par le « pacte colonial », un contrat d'exclusivité sur le plan économique. Agricoles ou minières, les matières premières revenaient au pays colonisateur. Par temps de guerre, des transferts massifs de population – de recrues – étaient également possibles. Vue du côté des colonisés, l'extranéité de l'État se traduisait par une gouvernance arbitraire et aliénante. Cependant, pour les esclaves en Afrique, l'avènement du colonialisme, avec sa promesse – pas toujours tenue – de mettre fin à leur condition servile, était une bonne nouvelle. Dans une moindre mesure, cela valait aussi pour les femmes et les jeunes. En revanche, pour les gérontocrates au pouvoir en Afrique, l'ère des Blancs était « l'ère de l'insolence, au cours de laquelle des "enfants, leur bouche en feu", sont sortis du silence[3] ».

L'État postcolonial n'est pas un simple héritier de pratiques administratives. Son acte de naissance porte une double signature : à l'intérieur du pays, l'aspiration populaire de chasser le colon et de hâter le développement ; à l'extérieur, sa reconnaissance par la communauté internationale. Au regard de cette dernière, on parle parfois de « souveraineté négative ». Car ce n'est pas tant la capacité de « faire État » qui fonde la souveraineté, mais la cooptation par le club des nations déjà constituées, souvent à travers l'ONU. Un code-barres en couleur sur un bout de calicot, quelques dithyrambes mis en musique et un panneau d'affichage « ici, c'est un État » suffisent parfois pour faire illusion. Dans le cas d'espèce, la vérité est dans les yeux d'observateurs intéressés. Par exemple, comme la communauté internationale s'accroche à l'espoir qu'un pouvoir central renaîtra de ses cendres en Somalie, elle refuse de reconnaître l'indépendance du Somaliland, dont la capacité institutionnelle est pourtant supérieure à celle de la République centrafricaine. Mais tant que la fiction d'un pouvoir à Bangui ayant prise sur son *hinterland* sera accréditée par le reste du monde, elle l'emportera sur la réalité d'un « État fantôme »[4].

L'euphorie des indépendances a fait long feu. L'aptitude de la plupart des États subsahariens à accélérer le développement, aussi. Au bénéfice d'une assise clientéliste plus ou moins solide, l'État postcolonial s'est installé dans le rôle d'un grand frère tourier qui se sert au passage : il vit, pour l'essentiel, des droits de douane, de la rente des matières premières et de l'aide extérieure. L'historien Frederick Cooper a donné à cet intermédiaire incontournable le nom de *gatekeeper state*. De son côté, l'anthropologue Rebecca Hardin a rappelé le système des « concessions » sous l'Ancien Régime en France, c'est-à-dire des droits d'exploitation que le pouvoir royal concédait, et renégociait régulièrement, en échange d'une redevance – cela allait du droit de tenir boutique dans les jardins du Palais-Royal au monopole commercial dans une vallée fluviale, voire dans tout un territoire d'outre-mer. En établissant le parallèle avec l'Afrique de nos jours, Hardin parle de *concessionary politics* lorsque des États sans grande capacité institutionnelle survivent, dans l'ensemble plutôt bien, en concédant des droits d'exploitation et même des parcelles de leur souveraineté à des entreprises privées ou des États étrangers en échange d'une rente[5]. L'exemple des compagnies pétrolières ou minières vient tout de suite à l'esprit mais, en matière de politiques concessionnaires, il n'y a pas de limite à l'imagination. En Centrafrique, par exemple, la douane a été à un moment confiée à la société d'un ancien mercenaire français, pour un partage des gains entre lui et l'État. Sans forcer le trait, on pourrait même soutenir que la défense nationale en Centrafrique a longtemps été sous-traitée à la France, avant de l'être aux Casques bleus de l'ONU[6]. Ce qui est fascinant dans cette alchimie politique, c'est qu'elle transmute l'incapacité en profit : moins l'État est apte à agir lui-même, plus il a à offrir à des partenaires extérieurs, qui se substituent à lui en lui versant des droits de reconnaissance. Lesquels ne suffisent pas à « faire État », surtout quand la population augmente rapidement ; mais elle nourrit très bien les rentiers au pouvoir, hélas en exacerbant la rivalité entre les candidats aux prébendes. Ainsi, l'aide extérieure sous ses multiples formes, dont l'omniprésent « appui au développement des capacités institutionnelles locales », verse-t-elle involontairement une prime à la guerre civile.

Parmi d'autres fonctions régaliennes, l'État postcolonial sous-traite l'Éducation nationale. En bonne logique concessionnaire, l'échec de l'école publique jette les bases de sa privatisation et, pour les enfants de l'élite, de son externalisation. En République démocratique du Congo (RDC), 71 % des écoles sont des établissements privés ; en Ouganda, sur 5 600 écoles secondaires, près de 4 000 sont privées ; dans l'État de Lagos, au Nigeria, trois écoliers sur quatre sont inscrits dans le privé et, dans les bidonvilles autour de Nairobi, la capitale kenyane, ce pourcentage dépasse 40 % en dépit de la pauvreté de leurs habitants. En Afrique du Sud, presque un quart des écoles ne sont pas conventionnées par l'État et sont, de ce fait, « techniquement illégales »[7]. La notion de « privé » englobe à la fois des écoles confessionnelles, des « écoles faute de mieux » financées par des parents désemparés et des usines éducationnelles à but lucratif. Ceux qui en ont les moyens, c'est-à-dire les mêmes qui se font soigner à l'étranger en s'acquittant d'un billet d'avion comme ticket d'entrée à l'hôpital, envoient leurs enfants à l'université dans un pays occidental. Les étudiants africains y sont les bienvenus car, de deux choses l'une : ou bien ils sont brillants, et l'on cherchera à les retenir grâce à une bourse d'études, ou bien ils ne le sont pas mais leurs parents versent l'intégralité des frais de scolarité, soit plus de 50 000 euros par an pour une université d'élite aux États-Unis, et c'est une bonne affaire.

L'État postcolonial en Afrique est la poursuite des « gérontocraties » traditionnelles par d'autres moyens. Nulle part ailleurs dans le monde, la différence entre l'âge moyen des administrés et la moyenne d'âge de leurs gouvernants n'est en effet aussi grande : 43 ans, par rapport à 32 ans en Amérique latine, 30 ans en Asie et 16 ans en Europe et Amérique du Nord[8]. Bien sûr, il y a des exceptions au règne des vieux mâles en Afrique. Ellen Johnson-Sirleaf a été élue et réélue, en 2005 et 2011, présidente du Liberia, la première femme à devenir chef d'État en Afrique ; au Congo-Zaïre, une série de jeunes hommes est arrivée au pouvoir, de Patrice Lumumba (35 ans) à Joseph Kabila (29 ans), en passant par le colonel Mobutu (30 ans). Mais deux des trois dirigeants congolais se sont rattrapés en vieillissant au pouvoir et, née en 1938, Ellen Johnson-Sirleaf n'a pas été élue dans la fleur de l'âge.

Les hauts et les bas conjoncturels que l'Afrique a connus depuis son indépendance se résument à peu près à ceci : après une bonne décennie de croissance, jusqu'à la crise pétrolière de 1973, le continent a traversé une longue période de stagnation, jusqu'au milieu des années 1990 ; la Chine était alors son 83e partenaire commercial. Au cours des quinze années qui ont suffi à la Chine pour doubler d'abord la Grande-Bretagne, puis la France et, enfin, les États-Unis pour se hisser à la première place en Afrique, le continent a connu un nouvel essor, marqué par le maintien des cours de ses principales matières premières à un niveau élevé et d'importants investissements dans ses infrastructures. Par ailleurs, estime Serge Michaïlof, l'Afrique a engrangé les dividendes des programmes d'ajustement structurel que la Banque mondiale et le FMI lui avaient prescrits dans les années 1980[9]. Sur la décennie 2000-2010, nombre de pays subsahariens ont dépassé une moyenne de 5 % de croissance, ce qui leur a permis de progresser réellement en dépit de leur démographie ; cinq d'entre eux – l'Angola, l'Éthiopie, le Mozambique, le Rwanda et le Tchad – ont même dépassé les 7 %, le seuil pour le doublement du PIB en une décennie. Cette période faste a pris fin avec le tassement de la croissance en Chine. Depuis, le thème de l'*Africa Rising* – l'Afrique émergente – a été réévalué. Des sept « lions africains », un seul – l'Éthiopie avec plus de 100 millions d'habitants – n'est pas de papier ; cinq sont rentrés dans leur tanière, grièvement blessés. Et l'Éthiopie, à l'instar du Rwanda post-génocide, est partie d'un niveau si bas – un PIB annuel par tête d'habitant autour de 400 dollars – que son « miracle » doit être relativisé. Les trois grandes économies du continent – celles de l'Afrique du Sud, du Nigeria et de l'Égypte, qui comptent pour plus de la moitié du PIB africain, et une bonne partie de la population – ont connu des taux de croissance plus modestes. Surtout, elles se sont développées comme marchés de consommation bien plus que comme sites de production. Depuis 2015, elles sont de nouveau entrées en crise, qui est l'état quasi permanent de la RDC, autre poids lourd démographique avec ses 80 millions d'habitants.

Rien dans ces vicissitudes *conjoncturelles* ne se prête à un tableau contrasté en ombres et rutilances, afro-pessimiste ou afro-optimiste. Par rapport au reste du monde, la situation de l'Afrique est largement inchangée : la part du continent dans le commerce mondial oscille depuis les années 1950 entre 2 et 3 % ; sa contribution au PIB mondial varie entre 1,5 et 2 % ; depuis 1990, quand le PNUD a commencé à publier son Rapport sur le développement humain, la quarantaine de pays au sud du Sahara s'y égrène à la fin, généralement emmenée par le Botswana aux alentours de la 110e sur 188 places. De nouveau en raison de la croissance démographique, la proportion des Africains ayant accès, chez eux, à l'électricité, n'a que modérément augmenté, passant de 20 à 33 %. Même en termes absolus, l'Afrique reste dans une catégorie à part : en 2015, l'énergie électrique produite par le continent tout entier égalait la production de l'Espagne ou de l'Argentine, des pays de moins de 50 millions d'habitants ; 20 millions de New-Yorkais, champions de l'hyperactivité de jour comme de nuit, ont consommé plus d'électricité que 1,2 milliard d'Africains.

Structurellement, le portrait de l'Afrique se dessine en cinquante nuances de gris : le continent attend encore sa révolution verte et son industrialisation ; l'espoir de « sauter » ces étapes en passant directement aux cases suivantes, à la manière dont l'Afrique est passée à la téléphonie mobile en l'absence de lignes filaires, joue lui-même à saute-mouton avec la différence capitale qui existe entre utiliser une technologie et la *maîtriser* en amont, depuis la recherche fondamentale jusqu'à la fabrication en passant par le développement. Ne serait-ce qu'au vu de son niveau d'instruction, l'Afrique n'est pas susceptible de jouer un rôle significatif dans la transformation de notre planète en cyberespace ou dans la reconversion écologique de l'économie mondiale (les pays riverains du bassin du Congo tireront peut-être une nouvelle rente de ce « poumon » planétaire, cependant que le reste du continent risque de payer le prix fort du réchauffement climatique). En un mot comme en cent : l'Afrique continuera à « être mondialisée » plutôt que de prendre une part active dans la mondialisation en cours.

Et, pourtant, elle émerge ! Une terre neuve d'opportunités sort d'un océan de misère. Au début de ce siècle et millénaire, Coca-Cola ne s'est pas trompé en affichant sur des panneaux publicitaires géants à travers le continent qu'il y avait « Un milliard de bonnes raisons pour croire en l'Afrique ». Que le nombre d'habitants fût invoqué comme explication n'était pas non plus une erreur. Car c'est l'effet d'échelle induit par sa forte croissance démographique qui a permis à l'Afrique de passer un cap : sur un continent comptant, en 2000, autour de un milliard d'habitants, les 13 % qui disposaient alors de 5 à 20 dollars par jour, et qui pouvaient ainsi s'offrir des « extra » au-delà du minimum vital, représentaient un marché de 130 millions de consommateurs, soit un vrai enjeu économique. D'autant que ces rescapés de la subsistance sont aujourd'hui poussés dans le dos par plus de 200 millions d'Africains, qui gagnent entre 2 et 5 dollars par jour ; lesquels sont eux-mêmes talonnés par la grande masse des laissés-pour-compte. Il y a peu de chances que cette multitude attende patiemment son tour au guichet de la prospérité, surtout tant que le contrat social au sud du Sahara restera frappé d'iniquité envers les jeunes et les femmes. Les précédents ailleurs, notamment au Maghreb, rendent bien plus vraisemblable un autre scénario : à partir d'un seuil de basculement, la migration *à l'intérieur* du continent cessera de fonctionner comme soupape et un grand nombre d'Africains poussera les portes vers le monde entier, à commencer par l'Europe.

On peut débattre des avantages et inconvénients d'appeler les rescapés de la subsistance en Afrique la « classe moyenne » du continent. À mes yeux, s'inscrire dans le même cadre de référence que partout ailleurs dans le monde, même si c'est pour l'instant à des niveaux modestes, représente un avantage. Cependant, le risque est de faire oublier que la classe moyenne importe moins comme fourchette de revenus que comme couche sociale sur laquelle repose la démocratie. En effet, elle constitue le segment de la population suffisamment aisé pour pouvoir s'engager sur la place publique, pour « faire de la politique » au sens large, mais pas assez riche et puissant pour être tenté d'abroger la transparence du système politique – son contrôle par des élus et une presse indépendante – et la méritocratie comme idéal d'ascension sociale. Donc, la vigilance s'impose quand cette catégorie sociale est dévoyée, comme dans sa définition par la Banque africaine de développement en 2011. Comme nous l'avons déjà relevé, les deux tiers de la « classe moyenne » de la BAD, en gagnant seulement entre 2 et 5 dollars par jour, n'ont guère le loisir de participer à la gestion de la cité.

Au Nigeria, ma vitrine préférée pour les mutations en cours au sud du Sahara, le premier *shopping mall* a été inauguré en 2005 à Lagos. Depuis, pour les 20 millions d'habitants de la mégapole nigériane, seul un deuxième grand centre commercial a ouvert ses portes. Cela donne la mesure de la faiblesse du pouvoir d'achat local. Néanmoins, sur la base de revenus supérieurs à 15 dollars par jour et par foyer familial, la classe moyenne au Nigeria tout entier devrait passer d'environ 25 millions de consommateurs aujourd'hui à 75 millions en 2030, soit trois fois plus. À l'échelle du continent, la Banque mondiale anticipe même un quadruplement de la classe moyenne à cet horizon. Autant dire que des bouleversements de la magnitude de la « révolution du mobile » sont susceptibles de se reproduire. En 2014, les Africains consacraient 10 % de leurs revenus à la téléphonie. En France, compte tenu du revenu per capita dans la même année, cela équivaudrait à une note de téléphone de 216 euros par mois. Quand on est proche du minimum vital, dépenser autant d'argent pour communiquer ne s'explique, hors recours à « la tradition orale du continent », que par la valeur d'usage du portable au sud du Sahara. Le téléphone limite les déplacements alors que le transport y est coûteux et éreintant. Il permet à une majorité sans ordinateur d'accéder à l'Internet. Enfin, une masse de jeunes ne demande qu'à s'approprier les multiples fonctions d'un smartphone pour sortir du sous-développement, par exemple grâce au *e-banking*. Au Kenya, le pays le plus avancé dans ces transactions électroniques, l'équivalent de la moitié du PIB passe par ce canal. Deux tiers de la population se servent de quelque 37000 « kiosques » monétaires pour stocker ou virer leur argent – *pesa,* en swahili, d'où le nom commercial du service offert par Safaricom, *M-Pesa,* pour « argent mobile ». C'est une révolution au quotidien, un immense progrès pour le plus grand nombre. Cependant, l'absence d'un système bancaire classique – 80 % de la population n'a pas de compte en banque – empêche toujours l'importante classe moyenne kenyane d'accéder à la propriété. En 2013, sur les 44 millions d'habitants que comptait alors le pays, seuls 22000 bénéficiaient d'un crédit immobilier[10].

Voyage au bout des registres identitaires

Dans une nouvelle intitulée *Luxurious Hearses,* « corbillards de luxe », l'écrivain nigérian Uwem Akpan raconte la tentative de fuite d'un jeune de seize ans[11]. Fils d'un couple mixte séparé, avec un père chrétien du Sud-Est et une mère musulmane du Nord, Gabriel/Djibril est pris entre deux feux lors d'émeutes religieuses dans le nord du Nigeria. Acculé, il monte dans un car de chrétiens qui cherchent à regagner leur terre d'origine pour échapper aux persécutions. Bien que Gabriel/Djibril ait acheté un ticket, il trouve son siège occupé par un vieux chef traditionnel, qui refuse de lui céder sa place. Deux jeunes femmes s'en mêlent bruyamment ; une dame plus âgée et posée tente de raisonner l'homme imbu de son rang et de son âge. Mais celui-ci s'obstine. Aigri et nostalgique des régimes militaires qui versaient une part de la rente pétrolière aux chefs traditionnels pour contrôler la population par leur intermédiaire, il se lance dans une tirade contre la démocratie, grande niveleuse des distinctions auxquelles il tient. Le car se transforme en pétaudière roulante, des arguments de bonne et, plus souvent, de mauvaise foi fusant de toute part. Gabriel/Djibril est doublement handicapé. D'une part, il n'ose pas prendre la parole par peur de révéler qu'il a grandi au Nord, chez sa mère ; d'autre part, sa main droite a été amputée à la suite d'un vol qu'il a commis, et il doit la dissimuler pour ne pas être identifié comme un justiciable de la *charia*, la loi coranique. Enfin, la proximité physique de femmes non voilées, « impudiques » d'après les critères de son éducation, met Djibril mal à l'aise. Progressivement, le Gabriel en lui s'accommode de leur présence. En revanche, le téléviseur accroché au-dessus de sa tête, cette petite lucarne par laquelle les exactions commises le poursuivent jusqu'ici et chauffent à blanc le sentiment anti-islamique de ses compagnons de voyage, ne laisse pas de l'insupporter.

Le symbolisme de ce huis clos est transparent : le car compte moins de places confortables que de passagers, comme le Nigeria, et il ne suffit pas d'avoir son ticket – l'équivalent du bulletin de vote – pour y récupérer son siège attitré. Il faut se battre et, pour l'emporter sur ses rivaux, nouer des alliances avec des tiers en jouant sur tous les registres identitaires. Ils opposent les hommes aux femmes, les jeunes aux vieux, les pauvres aux riches, les civils aux militaires, les gouvernants aux gouvernés, les démocrates aux partisans de « régimes forts », les sudistes aux nordistes, les chrétiens aux musulmans… Gabriel/Djibril, l'être divisé, s'affole de la désinvolture avec laquelle tout le monde change, sans arrêt, de côté. Il ne comprend pas que, si « l'enfer, c'est les autres », l'altérité qu'il tient pour une seconde nature est en fait le répertoire pour départager les gagnants et les perdants, les vivants et les morts par temps de folie collective. Aussi finit-il par se trahir. Il est tué, sans pitié. Son corps est abandonné alors que les soutes du car sont remplies de « bonnes » victimes en route pour le repos éternel dans leur terre ancestrale. D'où le titre de la nouvelle, qui tourne en dérision un pays bien plus soucieux de ses morts et de l'au-delà que de ses vivants et de l'ici-bas.

À travers les échanges à bord du car, et les alliances à géométrie variable qui en résultent, le lecteur est amené à réviser son idée de départ : ce ne sont pas les clivages qui expliquent les conflits mais l'inverse. Les intérêts opposés investissent des coquilles vides pour s'y loger sous de fausses apparences, pour habiller leur nudité. Plus un affrontement perdure, plus les apparences qu'il s'est données tendent à se confondre avec lui et devenir sa réalité. Ainsi, à force de faire des victimes, les heurts entre musulmans et chrétiens creusent-ils le fossé entre les deux communautés et accréditent l'idée qu'« elles ne sont pas faites pour s'entendre ». Dans des pays où l'ethnicité est le principal clivage, comme au Rwanda ou au Burundi, le même effet se produit. En raison d'un lourd passé de massacres entre Hutus et Tutsis dans les deux pays, la conviction que ces groupes ne sauraient vivre en paix finit par apparaître comme une évidence. Or, s'il est vrai que les morts du passé pèsent sur le présent, et que cette « pression » peut inciter à tuer le premier par peur d'être tué, les Hutus et les Tutsis ne sont pas davantage condamnés à la mésentente meurtrière que ne l'étaient, hier, les catholiques et les protestants en Irlande.

Longtemps, l'ethnicité passa pour le principal clivage en Afrique, l'atavisme de la dissension collective sur le continent. Mais dans le contexte géopolitique de l'après-11 septembre 2001 et la « guerre mondiale contre le terrorisme » islamiste, la religion a opéré un retour en force comme vecteur de mobilisation conflictuelle. Parallèlement, les violences électorales se sont multipliées en Afrique, ce qui témoigne, hélas négativement, de l'importance accrue du verdict des urnes. Les affrontements pour l'accès à l'eau ou le contrôle de terres arables ou de pâturages deviennent aussi de plus en plus fréquents. Dans ce contexte, pourquoi *le* conflit au sud du Sahara n'est-il pas générationnel, si l'exceptionnel profil démographique y oppose une multitude de jeunes sans voix au chapitre à une minorité de vieux ne cédant pas les leviers de commande ? Pourquoi, à bord des « corbillards de luxe », la querelle sur l'âge et ses privilèges n'est-elle que la basse continue par rapport aux clameurs ethniques ou religieuses ? Enfin, si la guerre intergénérationnelle n'est pas à l'ordre du jour, quelles alternatives s'offrent aux cadets sociaux pour « grandir » ?

Moussa Wo, l'enfant terrible

Martha Carey est une anthropologue américaine, qui a travaillé pour Médecins sans Frontières en Sierra Leone pendant la guerre civile, de 1993 à 2002. Experte par-delà son expérience, elle a cherché à comprendre les atrocités commises par les rebelles du Front révolutionnaire uni (RUF), qui amputaient des civils soit au coude soit au poignet – « manches courtes », « manches longues » – pour les empêcher de « prendre leur destin en main », le slogan en faveur d'élections et du retour à un régime civil en lieu et place d'une junte. Dans une contribution titrée « *Survival is Political* ». *History, Violence, and the Contemporary Power Struggle in Sierra Leone,* elle trouve des clés de lecture dans la société secrète traditionnelle des garçons – Poro – et ses rites d'initiation. Elle remonte aussi à une figure célèbre dans toute l'Afrique de l'Ouest, à savoir le « roi guerrier » fondateur de l'empire du Mali au XIIIe siècle, Soundiata Keïta. Selon l'épopée, dont plusieurs versions locales circulent, il débuta sa vie estropié, raillé de tous pour son incapacité à se mettre debout et à marcher. Or, à la veille de sa circoncision, Soundiata attrapa les branches d'un baobab et, tirant dessus, déracina l'arbre géant de ses forces surhumaines. Chassé de la cour, avec sa mère, par son demi-frère, le roi local, il vécut alors en exil jusqu'au jour où, rappelé par les siens pour repousser des envahisseurs, il défit non seulement l'ennemi mais conquit un vaste empire.

En Sierra Leone, Soundiata Keïta est connu sous le nom et les traits de Moussa Wo. Sa légende, émaillée de cruautés et d'escroqueries, glorifie le chaos. C'est un « enfant terrible », un monstre obscène et immoral, mais irrésistible. Il incarne la jeunesse qui échappe au contrôle des aînés, qui aspire à un monde à l'envers, carnavalesque, mais incarne aussi la jouissance sans entraves dans le débordement de ses forces vitales. « Dans la guerre et la composition des divers mouvements armés, les stimuli de classe, d'ethnicité et de catégorie socio-économique ont été secondaires par rapport aux divisions plus anciennes et profondes entre la jeune et la vieille génération », estime Carey[12]. Elle ne se prononce que sur la Sierra Leone. Mais si la forte proportion de jeunes partout au sud du Sahara permettait d'élargir sa remarque à l'ensemble du sous-continent, le clivage générationnel y serait la mère de tous les conflits.

« Même à mon père, je lui tire une balle », sous-entendu : si notre cause l'exige[13]. Pendant plus de vingt ans, au total quelque 250 000 jeunes recrues ont répété ce slogan dans les camps d'entraînement du mouvement rebelle sud-soudanais en guise de serment d'allégeance au SPLA (Sudan People's Liberation Army). Entre le début de la deuxième guerre civile au Soudan, en 1983, et la signature d'un accord de paix entre le nord et le sud du pays, en 2005, ils ont professé être prêts à aller jusqu'au parricide si leur « libération » en dépendait. Peut-on imaginer une expression plus crue du conflit de générations ? Pourtant, l'africaniste Cherry Leonardi, de l'université Durham en Angleterre, a contesté cette grille de lecture. Dans une étude publiée en 2007, elle a mis en garde contre « le danger qui consiste à expliquer toute mobilisation de jeunes dans des violences comme l'expression d'une crise africaine de jeunesse, en faisant non seulement l'impasse sur les raisons locales spécifiques du ressentiment et de la rébellion mais en détachant aussi les jeunes de leurs familles et communautés en les traitant comme une entité marginalisée à part[14] ».

Voici son relevé de terrain, après deux années d'enquête. Le but des jeunes Sud-Soudanais n'est pas de quitter leur foyer et de rejoindre les rangs du SPLA pour conquérir, le fusil à la main, un pouvoir faisant pièce à celui de leurs parents et aînés au village. Ils cherchent plutôt à traverser le champ de forces polarisé entre leur lieu d'origine au sens affectif – leur « chez-eux » ou *home* – et la « sphère de gouvernance » – *hakuma,* en arabe – qui est le champ des rivalités politiques. Le SPLA autant que le pouvoir central à Khartoum fait partie de l'*hakuma,* tout comme d'ailleurs « la grande ville » en tant que siège d'une modernité aux antipodes du « chez-eux ». En dernier ressort, les jeunes font davantage confiance à leur *home* parce que, à tout prendre, c'est un lieu plus sûr que la sphère du politique, instable voire traître. Ainsi leur principal objectif consiste-t-il à *ne pas* se faire instrumentaliser ni comme des fils ni comme des recrues mais à éviter leur « captation » en jouant le *hakuma* contre le *home,* et l'inverse, pour gagner sur les deux tableaux, sans les confondre. « Les jeunes sont souvent plus soucieux de maintenir leur indépendance que de surmonter leur marginalisation, un reflet de leur position inhérente dans un entre-deux », conclut la chercheuse britannique. La stratégie qu'elle prête à la jeunesse ressemble à une version revue et corrigée, avec un *happy end,* du mythe d'Icare : pour s'échapper du labyrinthe qu'a construit son père, Dédale, avant d'y être enfermé avec lui, Icare enfile des ailes de cire et de plumes, prend son envol tout seul mais veille à ne point trop s'approcher du soleil…

Qui, de Martha Carey ou de Cherry Leonardi, a raison ? La polarisation des générations au sud du Sahara – le grand « clivâge » – mène-t-elle à l'affrontement ou à des scénarios d'évitement ? À bord des « corbillards de luxe », la tension entre anciens et jeunes, comme celle entre hommes et femmes ou militaires et civils, n'est pas mortelle, contrairement à la tension religieuse. Est-ce seulement parce que ces autres antagonismes ne sont pas d'actualité ? Ce qui amène à se demander dans quelle situation l'on se sent avant tout « jeune », plutôt que femme ou homme, civil ou militaire, haussa ou igbo, musulman ou chrétien. Ce n'est pas évident. En Afrique, « être jeune » est la condition la mieux partagée, le plus grand dénominateur commun. Une multitude de « petits » s'y trouvent comme délaissés dans une salle d'attente et n'ont qu'un désir : en sortir. Une ruée collective vers la porte n'est pas forcément la solution. Les autres jeunes sont sûrement des rivaux et seulement potentiellement des alliés. Contrairement aux aînés, ils n'ont que le temps d'attente à partager. Au Zimbabwe, le gérontocrate Mugabe a mobilisé les jeunes aussi bien, sinon mieux, que l'opposition tant qu'il avait quelque chose à leur offrir, même si ce n'était qu'un petit plus à court terme. Car, au sud du Sahara davantage encore qu'ailleurs, le long terme n'appartient pas aux vivants.

Pour un jeune Africain, être indépendant consiste autant à se soustraire à l'influence des pères *et* des pairs qu'à augmenter son pouvoir grâce au jeu des alliances qui se nouent sur *tous* les tableaux, pas uniquement générationnel. Dans l'Afrique contemporaine, où le principe de séniorité est mis à mal par une poussée démographique sans précédent, la tension entre les anciens et leurs cadets est la mère non pas de tous les conflits mais de l'*instabilité*. Celle-ci s'actualise à travers « des politiques de ressentiment », selon le terme proposé par l'anthropologue Mike McGovern. Dans ses travaux sur la Guinée et la Côte d'Ivoire, il a décrit le *modus operandi* de la jeunesse par un triptyque : négation, supplication, jeu[15]. Le jeune est « l'esprit qui toujours nie, et c'est avec justice, car tout ce qui existe est digne d'être détruit[16] ». En même temps, il supplie l'aîné de partager sa condition avec lui, de l'élever au rang des « grands » ayant voix au chapitre. Dépourvu de moyens pour s'imposer, il se comporte comme Moussa Wo, en enfant terrible, facilement excessif. Il fait du cirque. Même quand il y a mort d'hommes, les drames qu'il provoque ne sont que des farces à ses yeux. « C'était pour rire ! », seulement un jeu.

Nous voilà prêts pour un départ en cascade. Il nous mènera du village à la ville la plus proche, de la ville de province à la capitale, de la capitale nationale à une métropole régionale et, enfin, à l'étranger par-delà les mers, le plus souvent en Europe. Au fond, c'est un seul mouvement, le cœur battant de la jeunesse africaine qui va toujours plus loin. Pour reprendre les mots d'Aimé Césaire, « la jeunesse noire tourne le dos à la tribu des Vieux[17] ». Il fit ce constat en 1935, quand l'Afrique – démographiquement parlant – commençait à se mettre en route. Il ajouta : « Que veut la jeunesse noire ? Vivre. Mais pour vivre vraiment, il faut rester soi. » Ce n'est pas facile quand on part sans cesse pour se « refaire » ailleurs. Pour le migrant africain plus que pour tout autre, « l'enfant est le père de l'homme[18] ».

IV

Un départ en cascade

À l'échelle mondiale, l'ONU distingue quatre types de flux migratoires : des migrations entre deux pays du Nord ou entre deux pays du Sud ; ou d'un pays du Sud vers un pays du Nord ; ou, enfin, dans le sens inverse. Le nombre total des migrants dans le monde – soit le « stock » de toutes les personnes installées dans un pays autre que leur pays de naissance – est passé de 92 millions en 1960 à 244 millions en 2015. Bien que ce chiffre ait augmenté de 41 % depuis 2000, quand il y avait 165 millions de migrants dans le monde, il ne représente qu'une proportion modeste de la population mondiale : 3 % en 1960 et 3,3 % en 2015. Mais, entre-temps, la population mondiale a plus que doublé et la pondération entre les différents mouvements a changé en faveur des flux Sud-Nord. En 1960, environ 20 millions de ressortissants du Sud s'étaient établis au Nord ; en 2000, ils étaient 60 millions ; en 2015, 140 millions. En parallèle, les flux Sud-Sud, initialement de loin les plus importants, ont vu leur part dans l'ensemble diminuer. Selon l'OMI, 45 % des flux migratoires en 2010 étaient des mouvements Sud-Nord, par rapport à 35 % pour les flux Sud-Sud, et 3 % pour les mouvements Nord-Sud ; les migrations entre pays du Nord représentaient 17 %. Ces chiffres font réfléchir sur le lien de causalité souvent invoqué entre mondialisation et flux migratoires. En fait, les protagonistes de la mondialisation voyagent beaucoup mais ne refont pas facilement leur vie dans un pays étranger ; en revanche, les « mondialisés » traversent des frontières internationales moins souvent qu'eux pour voyager et plus souvent pour changer de pays de résidence.

Entre 2000 et 2015, en moyenne annuelle, 4,1 millions de ressortissants du Sud se sont installés dans les pays membres de l'OCDE, le peloton de tête sur le plan économique. Les Nations unies, qui fournissent ce chiffre, anticipent qu'entre 2015 et 2050, 91 millions de personnes originaires du Sud vont s'établir dans ces pays riches, qui devraient accuser sur la même période un solde déficitaire entre naissances et décès de 20 millions d'habitants ; 82 % de leur croissance démographique proviendrait ainsi de l'immigration. Codirecteur du Centre d'études des économies africaines à Oxford, Paul Collier estime que « nous sommes en train d'observer les débuts d'un déséquilibre de proportions épiques[1] ». On pense spontanément que ce déséquilibre à la suite de migrations massives viendra corriger l'iniquité planétaire. Selon l'ONU, les 10 % les plus riches sur cette terre possèdent la moitié du patrimoine mondial alors que la moitié la plus pauvre n'en possède que 10 %[2]. Au vu de ce fossé abyssal, combien de temps pourra-t-on encore répéter à la multitude marginalisée qu'il ne faut pas bouger mais attendre de pied ferme le développement sinon l'aide au développement ? D'autant qu'en même temps, les télévisions satellitaires du Nord arrosent la salle d'attente planétaire d'un flot d'images de leur prospérité. C'est un pied de nez fait au Sud du matin au soir : « Tant pis pour vous, pas de chance, vous êtes nés dans la partie basse du monde... »

Il faut se garder des fausses évidences. Certes, l'ubiquité des chaînes satellite et l'accès facilité à l'Internet augmentent le contraste entre le vécu local et le « vu à l'écran » dans les pays pauvres. Pour autant, la grande masse des Africains ne s'est pas encore ruée sur les châteaux d'opulence dans le monde, à commencer par l'Europe – et pas seulement, ni même principalement, parce que les nantis du Nord les auraient transformés en châteaux forts. Le raz de marée migratoire de 2015 a mis en évidence la faiblesse des défenses européennes, malgré les grillages, radars, fichiers électroniques, navires de patrouille et charters de retour. Toutes les conditions ne semblent donc pas encore réunies pour déclencher la « ruée vers l'Europe » depuis l'Afrique. Nous allons y revenir dans un instant, le temps d'écarter l'idée reçue selon laquelle le fossé entre le Nord et le Sud ne cesserait de se creuser. Car l'asymétrie entre le Nord riche et le Sud pauvre se relativise quand on compare un chômeur italien à un Brésilien nouveau riche, un Chinois en pleine ascension sociale à un Grec en chute libre ; et même au sud du Sahara, où ce planisphère de la bonne ou mauvaise fortune peut passer pour une projection fiable, l'émergence d'une classe moyenne s'ajoutant à une classe dirigeante d'une richesse souvent choquante contribue à approfondir les disparités locales. Dans *La Mondialisation de l'inégalité,* paru en 2012, François Bourguignon, ancien économiste en chef de la Banque mondiale puis directeur de l'École d'économie de

Paris, a démontré qu'il s'agit là d'un fait objectif et d'une tendance lourde. En effet, le fossé qui s'est creusé depuis le début du XIXe siècle entre le revenu par tête d'habitant dans les pays du Nord et du Sud a atteint son paroxysme en 1980 ; depuis, il s'est comblé au point de revenir au niveau qui fut le sien en 1900 ; en même temps, le différentiel de revenus s'est considérablement aggravé *à l'intérieur* des pays du Nord comme du Sud. En Asie et en Amérique latine, des centaines de millions de personnes sont sorties de la pauvreté absolue cependant que l'emploi s'est précarisé pour les moins qualifiés dans les pays riches (selon le philosophe allemand Peter Sloterdijk, ils ont perdu leur « rente de civilisation »)[3]. Des deux côtés, l'inégalité interne s'est exacerbée. Hélas, l'Afrique est la seule partie du monde ayant perdu sur les deux tableaux : ses disparités internes se sont accrues encore plus qu'ailleurs sans que le continent ait gagné du terrain par rapport au niveau de vie dans les pays développés – en raison de sa croissance démographique et de la « loi des grands nombres », nous l'avons vu.

Deux autres perceptions en trompe l'œil faussent l'analyse des flux migratoires Sud-Nord. La première les voit à travers le seul prisme postcolonial et surestime le « tropisme » des anciens colonisés à venir s'installer dans les ex-métropoles. Bien sûr, une certaine familiarité avec la langue et la culture de l'ancien colonisateur facilite toujours l'installation. Mais cette familiarité est laminée par le rouleau compresseur démographique en Afrique et la mondialisation – souvent sous les apparences d'une « américanisation » – du mode de vie sur le continent, notamment dans les villes. Les quartiers nouveaux riches s'y appellent

Beverly Hills plutôt que Neuilly, et fast-foods et *gansta rap* y règnent en maîtres parmi les jeunes, c'est-à-dire tout le monde au sud du Sahara. Dans les anciennes colonies françaises, il s'y ajoute – probablement en raison de la tutelle que Paris y a exercée bien au-delà des indépendances – un vif sentiment antifrançais, surtout parmi les cadres pour qui l'« histoire en partage » est plutôt une raison pour s'établir ailleurs qu'en France. Enfin, les nouvelles générations africaines voient le monde aussi grand qu'il l'est. Ils savent que c'est l'Allemagne qui fait le poids en Europe, et l'Amérique et la Chine dans le monde.

Le deuxième trompe-l'œil, le plus propice à induire en erreur, est un misérabilisme aveugle à l'égard de l'Afrique. Par mauvaise conscience ou crainte de se voir reprocher son manque de cœur, l'opinion publique dans les pays riches pèche souvent par sentimentalisme concernant les raisons qu'elle prête aux « pauvres » pour « fuir » leur pays. Cette perception confine dans l'angle mort quelques réalités dont, en premier lieu, celle-ci : ne fuit pas qui veut. Il faut avoir un pactole de départ et une certaine *vista* du monde pour pouvoir envisager une nouvelle vie sur un autre continent ; on n'y songe guère quand on est rarement sorti de son village et que la visite rendue à un parent installé dans la capitale s'assimile à l'aventure extrême. La pauvreté ne se résume pas à une privation matérielle mais renvoie aussi à l'horizon bas d'une existence étriquée, une « vision tunnel » de la vie. Bien sûr, les hauts et les bas conjoncturels en Afrique comptent, tout comme les catastrophes naturelles ou politiques. Mais le reste du monde n'aura jamais une conscience aussi aiguë de la faiblesse *structurelle* de l'Afrique, fût-elle « émergente » à ses yeux, que les Africains eux-mêmes. Un léger mieux ou pire ne les abuse pas. Ils voient cinquante nuances de gris dans un monde en couleurs. Enfin, si les cataclysmes provoquaient des déferlantes migratoires, les Idi Amin Dada, Mobutu, Francisco Macías Nguema et autres empereurs Bokassa du temps de la guerre froide, les grandes famines récurrentes dans le Sahel ou la crise quasi permanente au Congo-Kinshasa, émaillée de tueries, auraient vidé depuis longtemps une bonne partie du continent. Au cours des années 1990, 35 sur 53 pays africains étaient en guerre et des millions de civils ont trouvé la mort[4]. Les répercussions de cette décennie meurtrière sur l'Europe, nonobstant ses « liens de géographie et d'histoire » avec l'Afrique, ont été négligeables.

Le dilemme du codéveloppement

Deux conditions majeures doivent être réunies pour déclencher la « ruée vers l'Europe » ; une circonstance aggravante, le « stress écologique » dans certaines parties du continent, s'y ajoutera pour amplifier le mouvement. La première condition est le franchissement d'un seuil de prospérité minimale par une masse critique d'Africains sur fond de persistance d'une grande inégalité de revenus entre l'Afrique et l'Europe. La force d'attraction de l'extérieur s'exercera alors pleinement sur une multitude de jeunes sans perspectives d'emploi mais capables de réunir, avec l'aide de leurs parents au sens large, le pactole de départ nécessaire pour relever les défis d'un voyage souvent clandestin. Actuellement, en fonction du point de départ et de la voie choisie, cette somme se situe entre 1 500 et 2 500 euros – soit une ou plusieurs fois le revenu annuel dans tel ou tel pays subsaharien. Pour les migrants, ce rite de passage ressemble beaucoup à l'aventure des Argonautes dans la mythologie grecque. La légende dit que Jason, avec une cinquantaine d'autres jeunes, s'embarqua pour résoudre son conflit avec Pélias, le gérontocrate usurpateur du trône de son père. Pélias s'étant engagé à abdiquer si Jason ramène la Toison d'or de la lointaine Colchide, le pays de cocagne de l'Antiquité, le voyage fut un long détour pour permettre au jeune héros de rentrer dans ses droits de succession.

La seconde condition majeure pour qu'un « saut quantique » se produise dans les migrations vers l'Europe est l'existence de communautés diasporiques, qui constituent autant de têtes de pont sur l'autre rive de la Méditerranée. La présence de « parents » diminue grandement l'incertitude et le coût d'installation pour les migrants, qui bénéficient de leur accueil, aide à l'orientation, expériences et connexions locales, parfois même d'un premier emploi. La diaspora sert de sas pour passer du désarroi initial dans un nouveau « décor » à une familiarité de base avec une autre société. Elle donne bien plus qu'un coup de pouce. La présence de quelques hommes d'affaires somaliens depuis les années 1980 dans la ville jumelle de Minneapolis-Saint Paul, dans le Minnesota, a ainsi abouti, en trente ans de conflit dans ce pays de la Corne de l'Afrique, à la plus grande concentration de Somaliens aux États-Unis, plus de 25 000 sur un total d'environ 85 000. À Eschweiler, une bourgade allemande de 55 000 habitants près d'Aix-la-Chapelle, la migration en chaîne a fait venir des centaines de Togolais, sur un total de 14000 Togolais ayant immigré de l'ancienne « colonie modèle » allemande – *Musterkolonie* – en Afrique de l'Ouest. Dans les anciens pays colonisateurs, tels que la Grande-Bretagne ou la France, les diasporas abondent mais sont souvent perçues, exclusivement, comme un fait postcolonial. Or, *Le Retour des caravelles* – titre d'un roman d'António Lobo Antunes, qui imagine le retour au Portugal actuel, sorti de l'Histoire, des vaisseaux ayant permis l'exploration et la conquête de l'Afrique – ne doit pas faire oublier que les migrants du Sud vont aujourd'hui partout et à bord de n'importe quelle embarcation de fortune.

Voici un premier paradoxe : la difficulté d'une diaspora à se « fondre » au sein d'une population d'accueil prolonge son efficacité comme « cellule d'accueil » pour les nouveaux immigrants[5]. Le quartier surnommé Little Somalia à Minneapolis-Saint Paul, le Chinatown de beaucoup de grandes villes américaines, la cité « Les Rosiers » à Marseille ou Montreuil, aux abords de Paris, permettent à d'autres Somaliens, Chinois, Comoriens et Maliens de mieux « atterrir ». Après, c'est une question de point de vue : on peut se féliciter d'une aide communautaire facilitant beaucoup de choses ou, au contraire, déplorer des « enclaves étrangères » dans le pays d'accueil, qui en compliquent d'autres. Quelle que soit la perspective adoptée, le fait est qu'une diaspora tardant à se dissoudre dans son environnement encourage à venir d'autres immigrés qui, sans elle, ne se mettraient pas en route vers un pays où ils ont toutes les chances de rester durablement des étrangers.

Le terme « diaspora » est l'expression d'un malaise persistant dans un nouveau lieu et du refus du présent au nom du passé. Il renvoie à une « dispersion » victimaire, comme celle des traites négrières ou de la déportation d'un quart du peuple juif vers Babylone, suite à la destruction du Temple de Jérusalem à la fin du VIe siècle. Se dire membre d'une diaspora revient à revendiquer le statut d'un naufragé de l'Histoire ; on se retrouve quelque part contre son gré, contraint par l'adversité. C'est le cas, par exemple, des rescapés arméniens du génocide de 1915-1916 en Turquie ou, dans l'Afrique actuelle, des opposants rwandais qui doivent craindre pour leur vie chez eux. Mais, heureusement, ce n'est pas le cas de la vaste majorité des migrants africains. Certes, ils fuient des circonstances de vie souvent difficiles. Cependant, la meilleure preuve de leur libre arbitre, en dépit des contraintes, est le choix de leurs compatriotes de *ne pas* s'en aller. Qui a raison, qui a tort ? Il est difficile de trancher la question hors situation. Mais il serait aberrant de conférer le statut de victime, en bloc, à ceux qui fuient les difficultés plutôt qu'à ceux qui y font face. De même, quels que soient les mobiles l'ayant poussé à immigrer en France, un Portugais n'y sera guère considéré comme faisant partie d'une « diaspora », surtout s'il obtient la nationalité française. Or, un immigré malien, même naturalisé, ferait toujours partie d'une diaspora à géométrie variable – malienne, africaine ou « noire » – non seulement à ses propres yeux mais aussi aux yeux de ses nouveaux concitoyens, qui pensent ainsi lui rendre justice. Ils ont tort, à mon avis. Car ils nient sa capacité à mener sa vie – un exercice jamais dépourvu de contraintes – et à la refaire parmi eux. Ils l'enferment dans son passé, dans un perpétuel

« retour en douleur » – le sens propre de nostalgie – qui l'empêche de vivre pleinement ici et maintenant. Ce danger est encore plus grand depuis l'avènement des technologies de communication universelles et gratuites. Avant, pour le migrant, les ponts entre son ancien et son nouveau pays étaient largement coupés ; par la force des choses, il regardait vers l'avant. Maintenant, il ressemble à Janus, le dieu romain à double visage qui veillait sur les portes, les commencements et les fins incertains, les passages difficiles. L'entre-deux du migrant africain est même héréditaire, transmis de génération en génération. C'est une « dispersion » sans fin.

Voici un deuxième paradoxe : les pays du Nord subventionnent les pays du Sud, moyennant l'aide au développement, afin que les démunis puissent mieux vivre et – ce n'est pas toujours dit aussi franchement – rester chez eux. Or, ce faisant, les pays riches se tirent une balle dans le pied. En effet, du moins dans un premier temps, ils versent une prime à la migration en aidant des pays pauvres à atteindre le seuil de prospérité à partir duquel leurs habitants disposent des moyens pour partir et s'installer ailleurs. C'est l'aporie du « codéveloppement », qui vise à retenir les pauvres chez eux alors qu'il finance leur déracinement. Il n'y a pas de solution. Car il faut bien aider les plus pauvres, ceux qui en ont le plus besoin ; le codéveloppement avec la prospère île Maurice, sans grand risque d'inciter au départ, est moins urgent… Les cyniques se consoleront à l'idée que l'aide a rarement fait advenir le développement mais, plus souvent, servi de « rente géopolitique » à des alliés dans l'arrière-cour mondiale.

Dans un reportage au long cours titré *The Uninvited,* « les hôtes indésirables », Jeremy Harding, l'un des rédacteurs en chef de la *London Review of Books,* a pointé avec ironie le dilemme du codéveloppement : « Des pays nantis – par exemple, les pays membres de l'UE – qui espèrent décourager la migration depuis des régions très pauvres du monde par un transfert prudent de ressources (grâce à des accords bilatéraux, des annulations de dettes et ainsi de suite) ne devraient pas être trop déçus en découvrant au bout d'un certain temps que leurs initiatives ont échoué à améliorer les conditions de vie dans les pays ciblés. Car un pays qui réussirait effectivement à augmenter son PIB, le taux d'alphabétisation de ses adultes et l'espérance de vie – soit un mieux à tout point de vue – produirait encore plus de candidats au départ qu'un pays qui se contente de son enterrement en bas du tableau de l'économie mondiale[6]. » Dans son livre *Border Vigils : Keeping Migrants Out of the Rich World,* Harding tire les conséquences de ce constat : « La guerre, la faim et l'effondrement social n'ont pas causé des migrations massives au-delà de la frontière naturelle que constitue le Sahara. Mais les premiers rayons de prospérité pourraient bien motiver un plus grand nombre d'Africains à venir en Europe. »

Pourquoi ? Les plus pauvres parmi les pauvres n'ont pas les moyens d'émigrer. Ils n'y pensent même pas. Ils sont occupés à joindre les deux bouts, ce qui ne leur laisse guère le loisir de se familiariser avec la marche du monde et, encore moins, d'y participer. À l'autre extrême, qui coïncide souvent avec l'autre bout du monde, les plus aisés voyagent beaucoup, au point de croire que l'espace ne compte plus et que les frontières auraient tendance à disparaître ; leur liberté de circuler – un privilège – émousse leur désir de s'établir ailleurs. Ce n'est pas le cas des « rescapés de la subsistance », qui peuvent et veulent s'installer sur une terre d'opportunités. L'Afrique émergente est sur le point de subir cet effet d'échelle : hier dépourvues des moyens pour émigrer, ses masses sur le seuil de la prospérité se mettent aujourd'hui en route vers le « paradis » européen.

L'assèchement du lac Tchad

Le stress écologique est la condition aggravante qui risque de transformer les migrations en exode dans certaines parties de l'Afrique. C'est notamment le cas du Sahel, la vaste bande de terre aride s'étendant au sud du Sahara, de la Mauritanie à l'Érythrée en passant par le Sénégal, la Gambie, le Mali, le Burkina Faso, le Niger, le Tchad et le Soudan. En 2015, environ 135 millions d'habitants vivaient dans cette zone de plus de 7 millions de kilomètres carrés, soit un quart du continent africain, les trois quarts des États-Unis ou treize fois la France. En 2050, la population sahélienne devrait se situer autour de 330 millions – sept fois plus qu'en 2000 (si la population française augmentait dans les mêmes proportions, elle serait en train de passer de 60 millions à 420 millions). La fécondité dans le Sahel – entre 4,1 et 7,6 enfants par femme – et, partant, la croissance démographique – entre 2,5 et 3,9 % par an – comptent parmi les plus élevées au monde. En revanche, le PIB par tête d'habitant en parité de pouvoir d'achat est parmi les plus bas, entre 700 dollars par an, en Érythrée et au Niger, et 2000 dollars au Sénégal, en Mauritanie ou au Soudan.

La pression démographique sur la partie « utile » du Sahel, qui se limite à une fraction de la superficie totale, est l'un des facteurs du stress écologique, au même titre que le réchauffement climatique, la déforestation, l'épuisement des sols ou la pénurie d'eau croissante. L'Organisation des Nations unies pour l'alimentation et l'agriculture (FAO) estime que 80 % des terres sahéliennes sont « dégradées » et qu'un tiers de la population souffre de malnutrition chronique. La pluviométrie erratique fait l'objet d'interprétations contradictoires parmi les experts, qui s'accordent cependant à prédire une hausse de la température moyenne dans le Sahel de 3 à 5 °C d'ici à 2050. Ce qui menace l'agriculture pluviale de subsistance qui fait vivre la grande majorité de la population. Au milieu du siècle, alors que cette population aura largement plus que doublé, la production agricole devrait enregistrer des chutes de 13 %, au Burkina Faso, à 50 % au Niger, au Tchad et au Soudan. Parallèlement, l'urbanisation « hyperrapide » – même dans le contexte de l'Afrique subsaharienne qui, dans son ensemble, s'urbanise avec une rapidité sans précédent historique – se sera poursuivie et aura augmenté les risques d'épidémies liés à cette concentration, par exemple de choléra ou de dengue.

« Il est difficile de croire que cette folle croissance de population, dans une région du monde confrontée à tant de handicaps et de menaces, ne conduira pas à des drames », estime Serge Michaïlof, qui s'est plus particulièrement intéressé aux quatre pays au cœur du Sahel francophone, soit le Burkina Faso, le Mali, le Niger et le Tchad. Leur population devrait même tripler à l'horizon de 2050. Or, ces États vivent déjà de la charité internationale, qui représente plus de 10 % de leur PIB, près de 40 % de leurs recettes fiscales et entre 60 et 90 % de leurs budgets d'investissements. Ils en vivent mal, en partie faute d'avoir la capacité institutionnelle pour absorber l'aide. En 2014, selon un rapport de l'International Crisis Group, le Niger « n'a dépensé qu'un peu plus de la moitié de l'aide au développement qu'il avait reçue ». Ce ne sont pourtant pas les projets de développement qui devraient manquer. Pour ne prendre que l'exemple de l'Éducation nationale, dans un pays où 60 % de la population a moins de dix-huit ans, où 80 % des enseignants n'ont pas été formés, où le taux brut d'inscription dans le secondaire oscille autour de 30 %, et autour de 5 % au niveau supérieur, où 80 % des écoles publiques n'ont pas d'eau potable et les trois quarts pas de toilettes, il y aurait de quoi faire. Au Niger, l'ANPE locale suivait seulement quelque 1 500 chômeurs en 2014, alors que 243 000 jeunes sont arrivés cette année-là sur un marché du travail qui, hors secteur minier et pétrolier, leur offrait autour de 4 000 emplois. En 2035, ils seront 572 000 à entrer sur le marché du travail – « un chiffre précis car beaucoup de ces futurs candidats à l'emploi sont déjà nés », ajoute Serge Michaïlof, à qui j'emprunte toutes ces données.

Le stress écologique est un double défi lancé à la bonne gouvernance, en amont pour en réduire sinon éliminer les causes, en aval pour en limiter les conséquences. En amont, on affirme souvent que l'Afrique ne représente pas un enjeu majeur, la pollution de son air comptant seulement pour

4 % des émissions de gaz à effet de serre d'origine humaine. Mais « c'est justement parce que l'Afrique est aujourd'hui la grande région du monde la plus pauvre et la moins industrialisée qu'elle remportera, haut la main, le palmarès de la plus forte croissance des besoins énergétiques ces cinquante prochaines années, font valoir Jean-Michel Severino et Olivier Ray. C'est donc aussi en Afrique que se jouera la bataille contre le réchauffement mondial[7] ». Elle est déjà engagée. La multiplication des groupes électrogènes au diesel, la combustion des ordures, l'utilisation du charbon de bois pour cuisiner, la vétusté du parc automobile en l'absence de contrôle de leurs émissions se conjuguent de manière si désastreuse que des experts de l'OCDE, dans une étude publiée en 2016, admettent « ne savoir tout simplement pas quelles conséquences cela aura d'ici quelques décennies[8] ». De leur côté, les démographes Jean-Claude Chasteland et Jean-Claude Chesnais estiment que « les pays en plein rattrapage feront monter la tension sur les marchés énergétiques et aggraveront les craintes relatives au respect de l'environnement. Mais la question vitale restera celle de l'eau : aujourd'hui, seuls 18 % de la population mondiale ont accès à l'eau potable et à l'assainissement[9] ».

En aval, si certaines parties de l'Afrique – notamment le bassin du Congo – peuvent miser sur une « rente verte » dans le futur, d'autres vont être les principales victimes du changement climatique. Parmi les dix pays les plus vulnérables au réchauffement, sept sont africains : la Centrafrique, l'Érythrée, l'Éthiopie, le Nigeria, la Sierra Leone, le Tchad et le Soudan. La montée du niveau marin menace 250 millions d'habitants sur les côtes africaines, notamment en Afrique de l'Ouest où le littoral entre la capitale ghanéenne, Accra, et Lagos est en train de fusionner en une conurbation de 500 kilomètres susceptible d'abriter quelque 50 millions d'habitants en 2035. Le mode de vie des ruraux à l'intérieur du continent est également menacé. À travers l'agriculture, la chasse ou la pêche, les deux tiers d'entre eux dépendent de ressources naturelles et subissent de plein fouet la dégradation de l'environnement sous toutes ses formes, du manque de bois de chauffe aux fuites d'oléoducs en passant par le braconnage, le déversement de déchets toxiques ou la surpêche industrielle.

Tributaire de beaucoup de variables, l'impact précis du stress écologique est difficile à prévoir. À l'échelle mondiale, certaines estimations anticipent jusqu'à 200 millions de « réfugiés verts » pour 2050. Mais, à ce stade, ce n'est guère qu'un effet d'annonce. En revanche, le lac Tchad fournit l'exemple concret d'un écosystème dont la dégradation affecte quelque 30 millions de riverains au Niger, au Nigeria, au Cameroun et au Tchad. Dans les années 1960, ce lac endoréique – sans débouché sur une mer – s'étendait sur environ 25 000 kilomètres carrés ; aujourd'hui, il ne couvre plus qu'un dixième de cette superficie et, sauf initiative majeure, pourrait entièrement disparaître dans vingt ans. « Le bassin du fleuve Congo, qui est l'un des poumons de l'humanité, va être envahi par les Sahéliens », qui y chercheront refuge, a déclaré le président tchadien, Idriss Déby, à la COP21 à Paris, en décembre 2015. Il existe bien un projet pour éviter ce scénario catastrophe grâce à la construction d'un canal sur 1 350 kilomètres pour transférer une partie des eaux de l'Oubangui et de plusieurs de ses affluents. Mais cette idée est presque aussi vieille que la Commission du bassin du lac Tchad, créée en 1964. Depuis, les bailleurs de fonds n'ont pas trouvé les moyens – autour de 6,5 milliards de dollars – pour le financer, et les pays riverains n'ont pas non plus fait leur part. Au Tchad, les affrontements entre pasteurs nomades et agriculteurs sédentaires se sont multipliés sans trouver d'autre réponse qu'antiterroriste, strictement militaire, dans le cadre de la lutte contre Boko Haram. Depuis 2009, quand ce mouvement islamiste a lancé son djihad local puis régional, quelque 20000 personnes ont été tuées et 2,4 millions d'autres ont été déplacées. Environ 7 millions souffrent de faim dans un environnement de plus en plus précaire et de moins en moins sûr. Une catastrophe écologique rampante et le combat pour l'établissement d'un califat se conjuguent. Dans tous les pays riverains, la région limitrophe du lac est la périphérie de la périphérie pour le pouvoir central. Le nord-est du Nigeria, où Boko Haram a vu le jour, ferme le ban des sept « zones » officielles du pays quel que soit le paramètre qu'on applique, du PIB par tête d'habitant à la mortalité infantile en passant par le taux d'alphabétisation. Faute d'écoles publiques en nombre suffisant, des millions de jeunes illettrés y fréquentent des *madrasa,* où ils apprennent à mémoriser des versets du Coran, et survivent comme *talibés,* des quêteurs d'aumône.

Pour combler la distance qui la sépare du reste du monde, l'Afrique est engagée dans une fuite en avant à plusieurs étapes. Elle mène de ses villages, villes, capitales et métropoles régionales à Paris, Londres, Bruxelles, Lisbonne, New York ou « Chocolate City », à Guangzhou, et dans bien d'autres villes et même villages encore, tant en Europe qu'en Amérique et en Asie. Dans la mesure où, au sud du Sahara encore plus qu'ailleurs dans le monde, une culture « nationale » relève de l'illusion identitaire, il s'agit au fond toujours du même voyage[10]. En quittant le familier pour l'inconnu, le migrant lâche la proie pour l'ombre. Il choisit l'espoir face à un statu quo dont le manque d'opportunités, le rythme routinier et, souvent, l'ennui, lui semblent certainement pires que l'incertitude. À toutes les étapes, c'est un choix de vie bien plus que d'un simple calcul économique. Quand Charles Piot, mon collègue anthropologue à Duke, propose aux jeunes de Kuwdwé, dans le nord du Togo, de leur offrir la motocyclette qu'ils gagnent en trimant pendant des mois dans des plantations au Nigeria, pour peu qu'ils restent au village et aident leurs parents, ils refusent. Pourquoi ? « L'aventure »… Des Africains quittent leur village, leur ville et leur continent parce qu'ils espèrent mieux et voient plus grand ; ils partent pour « attraper un bout de chance ». Ils veulent vaincre ou périr en temps universel, en phase avec le reste du monde.

La première étape est l'exode rural ou le « magnétisme urbain ». J'insiste sur le pôle positif de ce mouvement de masse, qui est en cours depuis près d'un siècle, puisqu'il y a *tension* mais rarement rupture entre le point de départ et le point d'arrivée. Bien sûr, les jeunes contestent la hiérarchie traditionnelle au village – une hiérarchie d'âge – et partent pour se « refaire » en ville. Mais ils ne coupent pas les ponts. Au contraire. La plupart d'entre eux, et notamment ceux qui feront carrière et fortune en ville, reviendront régulièrement, construiront une maison au village, témoin de leur réussite ; loin de désavouer leur origine, ils s'y ressourceront. De leur côté, preuve de leur sagesse madrée, les vieux maîtres du village organisent ce qu'ils ne sauraient de toute façon pas empêcher. À tout prendre, il vaut mieux pour leur autorité que les partants passent pour leurs émissaires, des ambassadeurs de leurs communautés plutôt que pour des dissidents ou des enfants fugueurs. D'autant que le billet retour aura un prix : des « cadeaux » ramenés au village, un dispensaire financé par un cadre, une école implantée par un député, des transferts de fonds depuis l'étranger.

Dans son livre consacré à la jeunesse africaine, *The Outcast Majority* ou « la Majorité paria », le chercheur Marc Sommers relate sa rencontre dans un village de l'Ituri, dans le nord-est de la RDC, avec une femme d'un certain âge, la seule présence féminine à une réunion d'information destinée aux jeunes combattants démobilisés. Cette femme l'intrigue. Lors d'une pause, il l'aborde, en swahili, et apprend ainsi qu'elle n'a jamais fait partie d'un groupe armé. Elle est là pour son fils qui, lui, avait pris les armes. « Où est-il maintenant ? lui demande-t-il. — *Mjini,* en ville, répond-elle. — Pour quoi faire ? — *Maisha ya kizungu,* la vie des Blancs. » On ne saurait mieux indiquer, en si peu de mots, le ressort de la mécanique migratoire, à condition de ne pas la réduire à du mimétisme. Ma mère allemande professait vouloir « vivre comme Dieu en France », le summum du bonheur pour elle, sans être ni croyante ni francophile.

Les Africains ont migré bien avant que « le Blanc » n'arrive chez eux. Il semblerait même que, dans l'Afrique précoloniale, le mode de vie en mouvement ne fût pas l'apanage des seuls nomades mais était, si l'on ose une telle généralisation à l'échelle du continent, la règle plutôt que l'exception. Ce qui rendait les frontières, au sens de démarcations constamment à redéfinir et à renégocier entre « gens du dedans » et « gens du dehors », plus fluides que les barrières actuelles. Quoi qu'il en soit, les anciennes migrations font la courte échelle aux migrations contemporaines. Ainsi, les Maliens étaient-ils surreprésentés au sein de la première vague de migrants africains qui est arrivée en France dans les années 1970. La raison en était leur longue expérience migratoire en Afrique de l'Ouest et, en particulier, depuis le sud-est du Mali vers le bassin arachidier au Sénégal. Rodés à l'exercice, des Maliens sont partis, les premiers, plus loin. Avec un tiers de sa population installée à l'étranger, dans sa vaste majorité toujours en Afrique de l'Ouest, le Mali demeure à ce jour en haut du classement des pays exportateurs de main-d'œuvre. Le champion incontesté est le Cap-Vert, avec une diaspora estimée à 700 000 personnes, pour moins de 600 000 habitants « au pays ».

Passer du village à la ville et, à plus forte raison, se retrouver du jour au lendemain dans la capitale représente un dépaysement radical, une réinitialisation quasi intégrale des habitudes quotidiennes et des codes de conduite. Au début de l'exode rural, avant les indépendances, les nouveaux arrivants, en nombre relativement modeste, s'installaient dans des quartiers mixtes jouxtant « la ville blanche », souvent nommée « le Plateau » parce que construite sur les hauteurs, loin des eaux stagnantes, foyer du paludisme. À Abidjan, par exemple, c'est dans ces vieux quartiers tels que Treichville ou Marcory que les grandes cours à l'intérieur d'un carré d'habitations ont vu le jour et, avec elles, une nouvelle culture cosmopolite. Puis, les vagues devenant des déferlantes, les nouveaux arrivants se sont établis « entre eux », dans des villes satellitaires comme Yopougon, pour les Bétés et autres originaires de l'Ouest, ou Abobo, pour les Dioulas et autres « Nordistes ». Ainsi, la ville africaine est-elle le lieu du grand mélange des langues, des us et coutumes, du vestimentaire au culinaire, *en même temps* que l'incubateur d'une ethnicité bien plus viscérale que la méfiance des villageois envers les inconnus.

Le « bon rythme », un « nombre raisonnable », la « capacité d'absorption » sinon le « seuil de tolérance » sont les songes creux de la migration. Dans l'absolu, tant pour le village qui se dépeuple que pour la ville submergée par l'afflux, un point d'équilibre permettrait le « gagnant-gagnant » : il rendrait possibles le retour des Argonautes, peut-être même avec la Toison d'or, dans un village bien vivant, et la construction de ponts en ville, avant d'avoir à y loger des sans-abri... Mais, en réalité, la régulation s'avère impossible chaque fois qu'on tente de l'imposer. Le « retour à la campagne » est une rengaine en Afrique, plus vieille mais tout aussi minée que le « codéveloppement » euro-africain. Les rêves fous ne se régulent pas. En 1983, vers la fin du long règne de Julius Nyerere en Tanzanie, la campagne *Nguvu Kazi* – le « dur labeur » – pour ramener au village les jeunes chômeurs citadins s'est soldée par un échec total. Nulle part, ni à Khartoum ni à Harare, la destruction au bulldozer de vastes bidonvilles n'a atteint son but de faire repartir ses habitants dans leurs huttes au village. Les rares fois où, tenaillés par la misère, de jeunes citadins sont effectivement retournés à la campagne, ils ont apporté la preuve qu'ils n'y étaient plus « chez eux ». En Sierra Leone, en particulier, ces revenants se sont révélés des enfants plus terribles encore que le légendaire Moussa Wo. Ils ont rallié en masse l'insurrection du Front révolutionnaire uni (RUF) pour faire payer leur échec à leurs concitoyens en les amputant à coups de machette ou, en janvier 1999, en les massacrant ou en les brûlant vifs lors de l'opération *No Living Thing* à Freetown, la capitale.

Les registres du refus

La deuxième étape de la migration africaine, au-delà des villes de province ou de la capitale d'un pays, mène dans des métropoles régionales telles que Abidjan, Lagos, Nairobi ou Johannesburg. Pour la première fois, une frontière internationale est franchie et toutes les questions relatives au statut des migrants se posent déjà. Le dépaysement n'est plus seulement une expérience, mais aussi une réalité légale. Dans le regard extérieur, un panafricanisme de mauvais aloi tend à minimiser l'extranéité comme si, « entre Noirs en Afrique noire », l'on devait

« naturellement » s'entendre et partager des droits qui, ailleurs, sont réservés aux nationaux. Souvent les mêmes ont tendance à assimiler, en dehors du continent, toute opposition à la venue d'Africains à une attitude raciste. Or, en l'absence d'antagonisme racial au sud du Sahara, les registres du refus des étrangers – ou d'un plus grand nombre d'étrangers – y sont les mêmes qu'ailleurs : ils vont de l'hostilité déclarée à la chasse à l'homme en passant par diverses manifestations de xénophobie.

Des expériences contrastées au sud du Sahara aident à comprendre qu'il y a un lien entre les droits et protections accordés aux immigrés, d'un côté, et, de l'autre, la surveillance frontalière et les politiques d'intégration. La surveillance des frontières pose problème à peu près partout en Afrique subsaharienne, du fait de l'étendue des territoires et d'une corruption endémique parmi les agents de contrôle. Au Nigeria, à la fin du boom pétrolier, l'expulsion de plusieurs centaines de milliers d'étrangers en deux grandes vagues, en 1983 et 1985, a « purgé » le système. Depuis, les immigrés étant les proies faciles des abus administratifs et des pratiques d'extorsion, leur nombre s'est autorégulé. En contre-exemple, la Côte d'Ivoire du temps de Félix Houphouët-Boigny accordait aux immigrés, qui y étaient les bienvenus pour aider à bâtir le pays, des droits quasiment égaux à ceux de ses nationaux, dont le droit de vote. Pour rester viable, ce système aurait eu besoin d'une police frontalière efficace et d'une administration capable de définir, puis de suivre pas à pas le parcours fléché des étrangers devenant ivoiriens sous certaines conditions, au terme d'un délai de résidence permanente ou au titre de conjoint. En l'absence d'un tel encadrement, le « miracle » ivoirien a attiré 1,3 million de migrants en quatre ans, de 1976 à 1980, dans un pays qui comptait alors 7 millions d'habitants. En 1998, 16 millions de personnes vivaient en Côte d'Ivoire, dont 26 % étaient recensés comme des « étrangers ». Ce qui, en fait, ne signifiait rien de bien précis puisque cette catégorie fourre-tout ne distinguait ni entre titulaires d'une carte de séjour provisoire et résidents permanents, ni entre immigrés de première ou de deuxième, voire de troisième génération. Mais politiquement, dans un pays entré en crise, « un quart d'étrangers » était une bombe à fragmentation. On connaît la suite : la querelle venimeuse autour de l'« ivoirité » a tourné à la guerre civile.

La crise ivoirienne a eu des « effets en retour » sur les pays voisins exportateurs de main-d'œuvre, en premier lieu sur le Burkina Faso dont près de 1,5 million de ressortissants vivaient en Côte d'Ivoire. Pris entre deux feux, plusieurs centaines de milliers de Burkinabés sont rentrés « chez eux ». Mais pour beaucoup, résidents de longue date en Côte d'Ivoire sinon nés sur le sol ivoirien, le Burkina Faso n'était plus vraiment leur patrie. Ce que les *tenga,* « ceux qui sont restés sur le sol natal », n'ont pas tardé à faire ressentir aux *kosweogo,* « ceux qui ont duré à l'étranger ». En 2002, les autorités burkinabés s'étaient portées au secours de leurs ressortissants en Côte d'Ivoire en montant l'opération *Bayiri,* « retour à la terre natale ». À la fin de 2008, après des émeutes à Ouagadougou et Bobo Dioulasso contre « la prétention, l'envie de paraître et la criminalité[11] » des compatriotes rapatriés, elles ont radicalement changé de discours. À grand renfort d'affiches et de spots télévisés, elles ont tenté de rassurer les *tenga* qu'« être burkinabé se mérite ».

En 2000, Jeremy Harding s'est demandé si « le pouvoir d'attraction » que l'Afrique du Sud exerçait sur le reste du continent n'expliquait pas « pourquoi, finalement, il y a[vait] si peu de mains sub-sahariennes agrippées à la herse » de la forteresse Europe. Depuis, le « pays de l'arc-en-ciel » a perdu beaucoup de son pouvoir d'attraction. À partir de 2008, de violentes chasses aux immigrés se sont produites dans de nombreux townships sud-africains, les expulsions – environ 23 000 en 2016 – se sont multipliées et, en 2017, une refonte de la législation sur l'immigration a été élaborée par le ministère sud-africain de l'Intérieur. Elle n'a pas beaucoup à envier au durcissement des règles d'admission en Europe, à commencer par un système de points pour trier les immigrés en fonction de leurs qualifications. Sauf qu'en Europe, on n'aurait sans doute pas appelé une telle réforme *Clean Sweep*, au choix : « coup de balai », « table rase » ou « place nette ». Que l'ANC au pouvoir juge impérieux de faire le ménage accrédite l'hypothèse que l'Afrique du Sud a longtemps servi de réceptacle du trop-plein migratoire continental, à tel point que l'immigration n'y est plus sous contrôle. Les derniers chiffres officiels remontent à 2011, quand « 500 000 à un million de clandestins » étaient supposés s'ajouter aux 2,2 millions d'étrangers légalement établis en Afrique du Sud. Depuis, « plus d'un million de Zimbabwéens » et un nombre inconnu d'autres étrangers s'y seraient ajoutés. Mais personne n'en est sûr[12].

La dernière étape mène le migrant africain à l'extérieur de son continent. Il lui faut alors franchir des obstacles supplémentaires, à commencer par une mer. Mais avant de tourner notre attention vers cette « scène de l'épreuve », rassemblons ce que nous pouvons emporter comme provision de voyage des étapes précédentes. D'abord, il n'y a que des faux départs et aucune arrivée n'est définitive en l'absence de rupture ; la plupart du temps, entre le village et la ville comme entre la patrie et le pays-phare d'une région, un va-et-vient s'instaure. Chaque fois, le migrant semble se dire, avec Jean Tardieu : « Si je partais sans me retourner, je me perdrais bientôt de vue. » Ensuite, les deux lieux reliés par le migrant sont soumis à un double *stress test*. L'un résulte de la tension entre la rémanence des sentiments d'appartenance et leur hystérésis – le retard de l'effet sur sa cause ; le migrant reste toujours lié à son « origine » mais s'accroche à sa terre d'accueil comme à une planche de salut. L'autre *stress test* est occasionné par les multiples transferts – des nouvelles, des normes et valeurs, des virements bancaires… – entre le point de départ et le point d'arrivée de la migration ; la polarité entre les parents restés sur place et le migrant, entre le passé commun et l'avenir individuel est fréquemment court-circuitée, ce qui peut provoquer des décharges violentes. Mais, souvent, une ambivalence indécise prévaut : le migrant et ceux qui ont dû le laisser partir, ou qui l'ont missionné, jouent sur tous les tableaux, dans la confusion des sentiments et des intérêts croisés. L'objectif commun est d'ouvrir de nouvelles portes, sans fermer de possibles voies de retraite. Si le migrant se trouvait contraint de choisir, le cas des jeunes rebelles sud-soudanais que nous avons examiné dans un précédent chapitre laisserait à penser que le *home* l'emporterait sur le *hakuma,* la sphère extérieure. Pour le pionnier débouté, « un tiens vaut mieux que deux tu l'auras ».

La focale de la Mare nostrum

Qui s'embarque pour l'Europe ? En 1957, l'écrivain franco-tunisien Albert Memmi a publié Le *portrait du colonisé* précédé du p*ortrait du colonisateur,* un livre préfacé par Jean-Paul-Sartre, pour croiser les regards avant que la décolonisation n'éloignât le fraîchement indépendant du conquérant essoufflé, alors sur le départ. Je n'ai pas les moyens d'une telle ambition au moment où le Vieux Continent va se redécouvrir dans les yeux d'un nombre rapidement croissant d'Africains venant refaire leur vie en Europe. Ils seront jeunes, c'est sûr. Par ailleurs, quelle que soit leur religion, elle ne sera pas une pratique confinée dans des lieux de culte et la sphère privée, mais imprégnera leur mode de vie sur la place publique. Du fait du djihadisme, l'islam est sous surveillance en Europe. Mais le débat soulevé par *Le Nouveau Pouvoir,* l'essai de Régis Debray publié en 2017, a attiré l'attention sur la marche triomphale parallèle du « néo-protestantisme pentecôtiste » dans les banlieues françaises. Non pas que le protestantisme évangélique, au demeurant d'une grande diversité, puisse être assimilé à du terrorisme chrétien. Cependant, la « fille aînée de l'Église » étant cacochyme et toute foi *born again* facilement perçue en France comme une « américanisation » prosélyte, la multiplication des temples pentecôtistes constitue un défi pour la société française. En témoigne la réaction d'Olivier Abel, professeur à la faculté de théologie protestante de Montpellier. Dans une tribune parue dans *Le Monde,* le 30 août 2017, il estimait qu'il y avait « une sorte de fracture culturelle profonde entre le protestantisme européen et le protestantisme américain et mondialisé, qui nous revient par les anciennes colonies, l'Afrique, l'Amérique latine, la Chine bientôt. (...) L'Afrique qui vient sera une Afrique massivement néo-protestante. Kinshasa, qui est la plus grande ville francophone du monde, plus grande que Paris, est à majorité protestante. Les Français n'imaginent pas la bombe démographique néo-protestante qui leur arrive. Il y aura un énorme travail pour préparer les chemins d'une acculturation réussie, elle passera par l'éducation populaire, la musique et tous les arts vivants, mais aussi par la théologie, que l'on avait déjà mise au placard ».

S'ils viennent du sud du Sahara, les migrants africains auront précocement appris à s'adapter à l'adversité autant qu'à la diversité – les trois quarts d'entre eux n'auront pas parlé chez eux, à la maison, la langue officielle de « leur » pays, des mosaïques ethniques, religieuses et culturelles assemblées par des colonisateurs. C'est cette condition, avant toute autre chose, qu'ils viendront offrir en partage aux Européens, en échange de leur quote-part de prospérité : le mélange, la « simultanéité de temporalités ailleurs successives », un multiculturalisme de bricolage et la « débrouille ». Celle-ci porte beaucoup de noms en Afrique : *jua kali* – le « soleil dur » – en swahili, le « système D » ou l'« article 15 » dans des pays francophones, *kalabule* au Ghana ou *kanju* – en yoruba – dans le sud-ouest du Nigeria...

Dayo Olopade, d'origine nigériane mais élevée aux États-Unis, diplômée de Yale et auteure, en 2014, de *The Bright Continent. Breaking Rules and Making Change in Modern Africa,* traduit tous ces termes par une formule : c'est « plus Darwin que Degas[13]. » Pour sa part, Jean-François Bayart insiste sur l'épreuve pour parvenir jusqu'en Europe, estimant que « la dureté de l'expérience du voyage, que la multiplication des contrôles policiers rend de plus en plus dangereuse, forge vraisemblablement un nouveau type de subjectivité, dans la mesure où elle s'énonce en termes épiques et sous la forme d'une stratégie de ruse, destinée à déjouer les calculs de l'ennemi. Elle donne naissance à une culture de la clandestinité, avec ses savoir-faire, toujours susceptibles d'être utilisés dans l'avenir à d'autres fins[14] ».

Qu'ils viennent avec des habitudes acquises « au pays » ou qu'ils les aient apprises à la dure, chemin faisant, comment blâmer les jeunes Africains quittant leur terre pour « devenir un "Grand"[15] » ? Ils saisissent leur chance. Cependant, en partant de chez eux par tous les moyens, plutôt que d'y exprimer leur insatisfaction et de s'engager pour améliorer la situation, ils disent quelque chose sur leurs sociétés qu'il faut entendre : elles sont dysfonctionnelles, pas seulement en termes de PIB, de création d'emplois ou de protection sociale, mais aussi dans leur incapacité à faire vivre l'espoir. Si, comme disait Pouchkine, « le malheur est une bonne école mais le bonheur la meilleure université », les migrants africains sont-ils diplômés pour la vie occidentale ? Il me semble qu'ils n'apportent pas seulement les problèmes de leurs sociétés mais aussi la volonté de les résoudre dans un contexte plus porteur. Comme nous l'avons déjà souligné, ils sont en phase avec une modernité « à l'américaine » qui fait de l'impermanence des modes de vie sa seule tradition. Les jeunes Africains rapportent à l'Europe ce que l'Europe a semé à tout vent, à savoir « le mal de l'infini ». Émile Durkheim paraphrasait ainsi ce qu'il entendait par « anomie[16] », soit la carence de normes et de valeurs partagées au sein d'une société. Quand il y a trop d'échelles de valeurs rivales, il n'y a plus d'échelle de valeurs valable pour tous. « Le mal de l'infini » capte bien la part d'ombre de la mondialisation : il n'y a plus de limites mais toujours des frontières ; les désirs sont planétaires mais leur satisfaction reste locale ; le seul code de conduite en partage est le partage universel des codes. Mondialisé plutôt que « mondialisateur », le continent africain souffre plus de l'extraversion à l'infini.

La pauvreté, au sens large de pénurie d'opportunités et d'abondance d'occasions manquées, est une guerre d'attrition au quotidien. Les Africains qui décident de partir pour l'Europe baissent les bras. Mais ils ne rendent pas les armes, ils s'échappent. Qui saurait résumer leurs attentes, parfois des illusions, à supposer qu'elles convergent ? Je n'exclus pas que la « vie meilleure » dont beaucoup d'entre eux parlent puisse n'être, selon les mots de Michèle Tribalat, « qu'un mode de vie du tiers monde avec un niveau de vie européen ». Je constate en même temps que Yaguine Koita et Fodé Tounkara, les deux garçons guinéens morts de froid en 1999 dans le train d'atterrissage d'un avion à destination de Bruxelles, exprimaient dans la lettre retrouvée sur eux leur désir d'apprendre (« nous avons trop d'écoles mais un grand manque d'éducation et d'enseignement »). Quoi qu'il en soit, la pire réponse que l'on puisse apporter aux migrants africains est « la politique de la pitié » (Hannah Arendt). Avant d'y revenir dans le contexte de la « rencontre migratoire » en Europe, un siècle après la « rencontre coloniale » en Afrique, il nous reste à examiner la « scène de l'épreuve » des migrants en route pour le Vieux Continent.

Commençons par rappeler que « les hôtes indésirables » d'aujourd'hui – *The Uninvited* – sont les invités d'hier. Jusqu'au choc pétrolier en 1973, l'Europe a signé à tour de bras des conventions bilatérales pour faire venir la main-d'œuvre – des *Gastarbeiter,* « travailleurs invités » – qui lui faisait défaut. Il convient également de rappeler que, hors recrutement, les Subsahariens venaient alors en Europe sans contrainte de visa. Ce n'était pas seulement un « bonus postcolonial », en France jusqu'en 1986, mais aussi une pratique courante dans d'autres pays, par exemple en Italie jusqu'en 1990 pour les Sénégalais. Rétrospectivement, on peut se demander si cette circulation moins surveillée, bien qu'elle se prêtât à l'abus, ne favorisait pas l'autorégulation des flux migratoires en fonction de la conjoncture, de l'offre et de la demande sur le marché du travail, alors que la volonté de contrôler les entrées a fermé la porte au retour provisoire, par peur de ne pas pouvoir revenir. Aujourd'hui, quelle que soit son infortune en Europe, le migrant reste.

Depuis le raz de marée migratoire de 2015, la Méditerranée est devenue la « scène de l'épreuve » par excellence. C'est réducteur mais, peut-être, inévitable. Pour un monde qui peine à imaginer ce que « vivre avec un dollar par jour » veut réellement dire, le jeu de pistes menant jusqu'à la *Mare nostrum* est sans doute inextricable. Du reste, suivre les « ralleyistes » – les migrants traversant le Sahara – ferait courir des risques inconsidérés aux journalistes, dont celui d'être pris en otage par des djihadistes. Les risques pour les migrants eux-mêmes sont difficiles à évaluer avec certitude. L'Organisation internationale pour les migrations estime, après enquête, qu'entre 1996 et 2013 « au moins 1 790 migrants sont morts en tentant de traverser le Sahara[17] », soit une centaine de personnes par an, en moyenne. Du fait de son « invisibilité », la logistique de la migration transsaharienne n'est que rarement portée à la connaissance du grand public. Il y a là les « chasseurs », qui rabattent les migrants vers des « ghettos », des lieux de rassemblement et d'hébergement, en attente du départ ; et les « fixeurs » à mobylette, qui accompagnent les convois comme un essaim de moustiques et corrompent les policiers aux barrages pour qu'ils laissent passer. À Agadez, la « porte du désert » dans le nord-est du Niger, quelque 70 « ghettos » font office d'infrastructure hôtelière un peu particulière pour environ 10 000 migrants par mois en route vers la Libye. Dans l'ex-pays de Kadhafi, des *gidambashi* – « maisons à crédit » – servent de centres de rétention et de torture pour les migrants n'ayant plus le sou ; leurs photos, les montrant en piteux état, affamés et tuméfiés à force d'avoir été battus, sont postées sur Facebook pour extorquer à leurs parents au pays la rançon de leur libération[18]. Quand ils ne sont pas vendus sur des « marchés d'esclaves », comme l'a révélé CNN à la mi-novembre 2017. Pourquoi, malgré ces abus et, déjà, le blocage de 400 000 sinon un million d'entre eux en Libye, les migrants ne passent-ils pas plutôt par l'Algérie ? Cette route est « plus dangereuse et tend à n'être empruntée que par des migrants plus pauvres », apprend-on dans le rapport 2016 de l'Africa-Frontex Intelligence Community, l'agence de renseignement euro-africaine, qui a pour devise « Plus forts ensemble ».

La Méditerranée est la focale médiatique d'un « jeu de guerre » (Jeremy Harding) entre migrants, trafiquants, la police des frontières et des humanitaires sans frontières. Son cadre légal, logistique, sécuritaire et politique, ne cesse de changer. Voici quelques exemples : en 2005, l'Union européenne se dote d'une agence pour le contrôle de ses frontières communautaires, appelée Frontex ; en 2010, un an avant sa chute, le colonel Kadhafi réclame à l'UE une rente annuelle de 5 milliards d'euros pour empêcher les migrants de traverser la Méditerranée ; faute de quoi, menace-t-il, « demain, l'Europe ne sera plus européenne » ; le 18 mars 2016, suite à l'afflux record de l'année précédente, l'UE consent à verser à la Turquie 6 milliards d'euros – en deux tranches – pour interdire le passage par la mer Égée et bloquer ainsi quelque 2,5 millions de migrants sur le sol turc ; sur le « modèle » de cet accord troquant aide financière contre services policiers, l'UE négocie depuis 2016, avec cinq États africains – l'Éthiopie, le Nigeria, le Niger, le Mali et le Sénégal –, des « conventions migratoires » pour fixer les dunes humaines dans la Corne de l'Afrique et le Sahel. Cette stratégie vise ce que Jean-Christophe Rufin avait prédit dès le lendemain de la chute du mur de Berlin, en 1991, dans son livre *L'Empire et les nouveaux barbares,* à savoir la reconstruction d'un *limes* en guise de protection avancée de la civilisation européenne.

Il y a une régie derrière la « scène de l'épreuve ». Ce constat ne doit rien au cynisme ou à une théorie du complot. Ce sont souvent les meilleures intentions qui masquent la réalité, la larme qui trouble le regard. La photo du petit garçon syrien de trois ans, Alan Kurdi, retrouvé noyé sur une plage turque, le 2 septembre 2015, n'a laissé personne indifférent. Cependant, pour situer le drame, n'aurait-on pas dû préciser que le risque de périr en traversant la Méditerranée dans une embarcation de fortune était, cette année-là, de 0,37 % ? C'est un simple calcul de règle de trois : en 2015, 1015078 migrants ont atteint le littoral européen, alors que 3771 autres ont été recensés comme « perdus en mer ou portés disparus ». La même année, selon les chiffres de la Banque mondiale, le risque de mourir en couches était de 1,7 % pour une femme au Sud-Soudan, le pire endroit pour mettre un enfant au monde[19]. Les mères sud-soudanaises ont donc pris un risque quatre fois et demi plus grand que celui d'un migrant de périr dans la *Mare nostrum*, décrite comme « un cimetière à ciel ouvert », « la honte de l'Europe » voire le lieu d'un « génocide silencieux[20] ».

Hors contexte familier, il n'est jamais facile d'évaluer un danger. À plus forte raison, il est difficile pour les habitués du « principe de précaution » de se faire une idée des risques que des Africains prennent dans leur vie quotidienne. Si seulement les journalistes et leur public y songeaient parfois, avant d'assener des formules à l'emporte-pièce au sujet de migrants « bravant la mort » pour fuir « l'enfer » en Afrique, au demeurant le continent « émergent » célébré dans d'autres reportages. Voici les risques courus ces dernières années en traversant la Méditerranée, et quelques points de comparaison européens en guise de repères : en 2015, le risque de mourir en Méditerranée (0,37 %) était inférieur au risque, en France, d'une personne âgée de plus de quarante-cinq ans de subir un AVC (0,45 %) ; en 2016, 363 000 migrants ont traversé la *Mare nostrum* – 173 561 vers la Grèce et 181 436 vers l'Italie – et 4 576 s'y sont noyés ou ont disparu, soit 1,3 % ou le double du risque de décéder après une intervention chirurgicale – toutes catégories confondues – dans un pays industrialisé, ou encore le double du risque de mourir d'une anesthésie générale au sud du Sahara ; en 2017, entre janvier et fin août, 126 000 migrants ont traversé la Méditerranée et 2,428 ont été portés disparus, soit 1,92 %, ce qui est légèrement inférieur à la mortalité post-opératoire en chirurgie cardiaque en Europe de l'Ouest (2 %).

Même si le risque est heureusement limité, on se demande évidemment pourquoi il ne cesse d'augmenter alors que les yeux du monde sont braqués sur la Méditerranée et que les secours devraient se perfectionner. La réponse : l'humanitaire est trop bon ! En effet, les bateaux de secours se rapprochent de plus en plus des eaux territoriales libyennes et, s'il y a danger de naufrage, n'hésitent plus à y entrer pour secourir les migrants[21]. Si bien que les trafiquants embarquent un nombre croissant de migrants sur des embarcations toujours plus précaires (notamment des canots pneumatiques longs de 9 mètres, fabriqués en Chine, sur lesquels se serrent 130 personnes). Moyennant une réduction du tarif, l'un des passagers est chargé de la « navigation » et de l'appel au secours dès l'arrivée dans les eaux internationales – à ces fins, il se voit confier une boussole et un téléphone satellite du type Thuraya. Dans le passé, un autre passager voyageait à moindres frais en qualité de « capitaine », préposé à la conduite du hors-bord. Cependant, le prix des moteurs hors-bord ayant grimpé (l'été 2017, il dépassait 8 000 euros en Libye), leur récupération est devenue un enjeu. Les trafiquants emmènent donc les migrants à la lisière des eaux territoriales, avant de repartir avec le moteur hors-bord dans un autre bateau en laissant leurs clients dériver. À charge pour les humanitaires… Ceux-ci font bien, voire très bien, leur travail, au risque de rendre les migrants de moins en moins regardants sur la navigabilité des embarcations choisies par les trafiquants. Au cours des premiers six mois en 2017, quelque 93 000 migrants ont été secourus et transportés vers l'Italie, soit presque les trois quarts du total ayant embarqué pour la traversée pendant cette période[22].

En perdant un proche dans un crash d'avion, personne ne se consolerait à l'idée que, statistiquement, un passager peut prendre l'avion tous les jours pendant 123 000 ans avant de mourir dans un accident. De la même façon, les calculs de risques qui précèdent ne changent rien à la mort tragique du petit Alan Kurdi et de tous les autres noyés en Méditerranée. Cependant, il faut se rendre à l'évidence : les migrants africains prennent un risque calculé, pour arriver en Europe, semblable aux risques qu'ils prennent habituellement dans la vie qu'ils cherchent à laisser derrière eux.

V

L'Europe, entre destination et destin

Pour une masse critique d'Africains, dont les conditions de vie sont désormais plus frustrantes que difficiles, leur continent s'est transformé en salle des départs. Combien d'entre eux vont embarquer pour l'Europe d'ici à 2050 ? Quelque 150 millions – nous l'avons vu – si l'Afrique suit l'exemple du Mexique émergeant de la pauvreté absolue. Mais il s'agit là seulement d'un ordre de grandeur lié à un précédent historique. Pour le moment, la seule certitude c'est qu'une « rencontre migratoire » à grande échelle se prépare entre l'Afrique et l'Europe. Dans des proportions qui dépendront des circonstances, cette rencontre constituera un pari sur la diversité – un mot-valise qu'il faudra soumettre à une fouille en règle. Le terme divise : les adversaires de la diversité sont souvent accusés de xénophobie, voire de racisme ; les partisans de la diversité, souvent soupçonnés de vouloir affaiblir l'identité nationale ou, pour ceux qui sont allergiques à ce concept, ce qui « fait lien » au sein d'un État, faute de quoi la nationalité se réduirait à un contrat de location.

La migration africaine ressemble à une fontaine aux multiples vasques à débordement.

L'exode rural a déversé des centaines de millions de gens en ville, sans vider les villages, tant la croissance démographique est forte ; beaucoup de villageois se sont installés dans les capitales, désormais « macrocéphales », ou dans d'autres mégapoles ; à la recherche d'opportunités, certains ont poursuivi leur chemin et franchi des frontières pour s'établir dans un pays voisin, souvent dans une métropole régionale ; enfin, des réseaux de « passeurs » s'étant progressivement mis en place, un nombre croissant de migrants quittent le continent, la plupart du temps – mais pas exclusivement[1] – pour l'Europe. Là, sous réserve de trouver un emploi, ils deviennent des « bras » ou des « cerveaux » nécessaires aux yeux des entrepreneurs, politiques ou experts pour qui la diversité est une contrainte démographique. Selon eux, la jeune Afrique et le Vieux Continent sont faits l'une pour l'autre. Le *youth bulge* là-bas peut compenser le *pensioners' bulge* ici. En bon français : les Africains pourraient servir de « chair à retraite » à l'Europe qui, en échange, offrirait une issue de secours à des cadets sociaux empêchés de grandir chez eux.

Faut-il laisser « les » Africains entrer en Europe ? Ou faut-il les « bloquer » aux frontières ? Le Vieux Continent survivrait-il à la faillite de son système de retraite ? Ou doit-on, pour financer une sécurité sociale *a minima*, accepter qu'un quart des habitants d'Europe – plus de la moitié des moins de trente ans – seront « africains » en 2050[2] ? Le débat sur l'immigration a toujours été virulent et risque de l'être davantage encore à l'avenir. Chaque mot compte, souvent autant par ses sous-entendus que par son sens explicite. D'où les nombreux procès d'intention et réquisitoires en lieu et place d'argumentaires. Les uns craignent constamment de perdre leur « âme », les autres veulent surtout prouver qu'ils en ont une. Dans ce chapitre, je voudrais « dé-moraliser » le débat sur l'immigration africaine en Europe. Il ne s'agit pas de choisir entre le Bien et le Mal mais de gouverner la cité dans l'intérêt de ses citoyens. Les migrations sont aussi vieilles que le monde et peu susceptibles de cesser. Leur intensification entre l'Afrique et l'Europe oblige à refaire le tour de la question afin de bâtir le plus large consensus possible autour de *politiques* d'immigration. Il faut prendre acte de la pression migratoire et partir de cette réalité pour arrêter des choix : quels migrants accueillir, combien et dans quelles conditions ? Deux conditions me semblent essentielles. D'une part, ne pas perdre le sens de l'humanité que l'on prétend défendre dans la lutte contre l'« envahissement » ; d'autre part, ne pas sacrifier son concitoyen réel à l'abstraction d'un « homme sans qualités », faussement universel. En matière d'immigration, l'irénisme humanitaire me semble aussi dangereux que l'égoïsme nationaliste, le culte du sang et du sol.

Il ne faut pas compter sans son hôte

Voici mon point de départ : nous sommes tous partie prenante dans le grand repeuplement en cours, soit comme des « gens qui s'installent ailleurs », des migrants, soit comme des « gens qui reçoivent des étrangers », des hôtes – un mot qui renvoie à la fois à l'hospitalité et à l'hostilité. Les migrants sont les pionniers d'une nouvelle vie ailleurs. Ils quittent un lieu et s'établissent dans un autre, plus avantageux à leurs yeux, au terme d'un voyage balisé de laissez-passer ou d'une odyssée clandestine. Dans un premier temps, par facilité, j'ai parlé d'un rôle actif et d'un rôle passif dans la mondialisation. Mais ce n'est pas tout à fait exact. Car le « mondialisateur » comme le mondialisé ont tous deux la capacité d'agir, selon une marge de manœuvre, même si ce n'est pas la même. Par exemple, les usagers africains ont pu s'approprier la téléphonie mobile de mille façons créatives ; pour autant, ils n'ont pas la maîtrise de cette nouvelle technologie de communication, qui a été importée et continue d'être développée, pour l'essentiel, en dehors de leur continent. Disons donc, pour être plus précis, que la capacité d'agir est inégalement distribuée à travers le monde, aussi inégalement que les richesses.

À ces iniquités s'en ajoute une autre, qui est relative à la distribution du « temps du monde ». L'historien Fernand Braudel appelait ainsi l'heure contemporaine, la « contemporalité » si l'on veut. Elle impose tant à l'immigré qu'à son hôte de remettre constamment les pendules à l'heure. C'est foncièrement perturbateur. Le migrant traverse non seulement l'espace mais aussi le temps ; il se trouve à la fois ailleurs et en décalage horaire ; il doit s'adapter à l'heure locale, qui est rarement le futur dont il avait rêvé. De son côté, l'hôte doit s'habituer à une temporalité introduite, comme par effraction, dans son cadre familier. Quand l'immigré vient d'un pays du Sud, cette temporalité lui rappelle souvent son propre passé, à une nuance irritante près – la « petite différence » qui, selon Freud, tourmente le narcissisme et peut rendre fou. L'hôte change de cadre de vie sans avoir déménagé, du fait de la présence d'un étranger devenu son voisin sans partager son rapport au « temps du monde ». Il peut facilement, un jour, s'arrêter net dans son quartier, foudroyé par l'impression d'être devenu un étranger dans son propre pays. S'il est en colère, il dira qu'il a été « envahi ».

L'arrivée d'étrangers peut importuner et leur présence gêner. Prétendre le contraire me semble une pétition de principe idéaliste et dangereuse au regard du « long travail d'accueil et d'aide, et [de]ce que cela signifie comme travail sur soi et sur les autres », dont parle l'écrivain algérien Kamel Daoud en mettant en garde contre « un angélisme qui va tuer »[3]. Ni l'étranger ni l'hôte ne sont a priori « bons » ou « méchants », « sympas » ou « égoïstes ». Ils se trouvent ensemble dans une situation qu'il faut chercher à comprendre autant que les circonstances, qui sont différentes pour l'un et l'autre. La non-assistance à personne en danger est un crime, à condition – *ultra posse nemo obligatur* – de pouvoir porter secours sans se mettre en danger soi-même. En dehors de ce cas limite, l'indifférence n'est pas condamnable en soi dans la mesure où la liberté d'association n'aurait pas de sens si elle n'impliquait pas aussi la liberté de *ne pas* s'associer. Quant à l'impératif d'aider les pays du Sud, il reste à examiner – nous allons le faire – si la cause d'une meilleure distribution des richesses de ce monde est bien servie en accueillant au Nord les transfuges de sociétés en panne que sont les migrants. Quelle que soit la réponse, le souci d'équité internationale ne saurait se confondre avec l'ouverture des frontières en guise de péréquation planétaire. Il n'est pas incohérent d'être favorable à l'un et hostile à l'autre.

« Qui compte sans son hôte compte deux fois », cela vaut aussi pour la facture de l'immigration. Acceptons, donc, sans y voir une génuflexion devant l'autel de l'autochtonie, que l'hôte est dans son droit chez lui – sinon, obtenir la nationalité d'un pays ne signifierait rien. Le droit de cité appartient aux citoyens. On peut souhaiter, voire prédire, la désuétude de l'État et de ses frontières, l'obsolescence des nationalités. Mais, pour le moment, le passeport sert de carte d'adhésion à un « club » réservant à ses membres certains droits en échange de certaines obligations. La façon dont une communauté nationale se définit, que ce soit comme un pacte de sang ou un contrat social librement consenti, avec ou sans religion d'État, importe peu dans ce contexte. Car l'on ne peut dicter à une communauté ce qu'elle doit se reconnaître « en commun », surtout pas dans un acte de candidature pour intégrer cette communauté. L'on n'adhère pas à un club par une dérogation à ses règles ; celles-ci peuvent seulement se renégocier une fois que l'on en est membre. Dans des cas extrêmes – comme celui de l'écrivain nationaliste Maurice Barrès, qui affirmait en 1888 dans *Sous l'œil des barbares* : « Je défends mon cimetière. J'ai abandonné toutes mes autres positions » – il n'y a pas d'autre choix que de laisser le refus de l'autre se creuser sa propre tombe.

Dayo Olopade écrit que « la cartographie de la diaspora africaine, aujourd'hui, est la cartographie inversée du colonialisme[4] ». On comprend ce qu'elle veut dire. Cependant, c'est oublier non seulement les traites négrières et les réalités qui en sont issues, telles que l'« Atlantique noir », mais aussi faire de la « postcolonialité » une parenthèse à jamais ouverte. Or, le colonialisme n'a duré que quatre-vingts ans au sud du Sahara et, sauf à négliger l'histoire africaine avant et depuis, ne saurait définir le continent *ad infinitum*. Bien sûr, une plus grande « familiarité » lie toujours les Nigérians ou Sud-Africains à la Grande-Bretagne, les Sénégalais ou Centrafricains à la France, les Angolais ou Mozambicains au Portugal et les Congolais de la RDC à la Belgique, *lola,* le « ciel », en lingala. Mais, d'abord, la familiarité postcoloniale a ses blessures intimes. Ensuite, il y a déjà un demi-siècle que des ex-colonies ont réorienté leurs antennes : par exemple, Kinshasa a tourné les siennes vers la France et les États-Unis ; Kigali a même eu le temps de les diriger d'abord sur Paris puis sur Washington et Londres, quitte à changer de langue officielle. Au-delà de l'Afrique, nul ne soutiendrait que les Vietnamiens, en sujets postcoloniaux, placent toujours la tour Eiffel au cœur de leur monde.

Je sais bien que les relations entre la France et ses anciennes colonies au sud du Sahara constituent une exception à plus d'un titre, notamment du fait d'une politique assimilatrice ayant cimenté une connivence d'élites et d'une prolongation de la tutelle française bien au-delà des indépendances, à la faveur de la guerre froide et d'une sous-traitance géopolitique pour le compte du « monde libre ». Mais la France-Afrique et son avatar criminel, la « Françafrique », sont devenues des miroirs déformants. Ils ne reflètent plus la réalité mais servent à rassurer l'ex-métropole et ses anciennes possessions sur leur importance, fût-ce au royaume des « magouilles ». Or l'Atlantide postcoloniale est submergée par le ressac des jeunes générations au sud du Sahara. Les migrants chassent les opportunités sur *toutes* les terres. Gênes, en Italie, est aujourd'hui plus « africaine » que bien des ports français ou britanniques, le pourcentage d'étudiants subsahariens est plus élevé à Montréal qu'à Paris ou à Londres, et les Soudanais établis à Atlanta, la ville de CNN et de Coca-Cola, n'ont pas davantage perdu le nord que les Éthiopiens ou Érythréens à Washington DC. Dans le jeu de chaises musicales désormais planétaire, la « postcolonialité » est un vieil air connu parmi de nouvelles mélodies souvent plus entraînantes. Si le fait colonial continue de jouer, c'est en raison des diasporas constituées de longue date sur le sol des anciennes métropoles qui sont des guichets d'accueil pour de nouveaux venus. Cette migration en chaîne nourrit parfois le fantasme d'une « colonisation à rebours » sous forme de « vengeance » migratoire. Vues des rivages dont elles sont parties, les caravelles de retour sont faciles à confondre avec des navires de guerre.

« Nous étions au fond de l'Afrique / Gardiens jaloux de nos couleurs, / Quand, sous un soleil magnifique, / A retenti ce cri vainqueur : / En avant ! En avant ! En avant ! » On pourrait connaître la chanson – elle fait partie du répertoire national des marches militaires françaises et du recueil officiel des chants de l'armée de terre ; invitée au défilé du 14 Juillet 2013, l'armée malienne a paradé sur les Champs-Élysées au son de cet air. À tout le moins, on devrait en connaître le refrain : « C'est nous les Africains / Qui revenons de loin, / Nous venons des colonies / Pour sauver la Patrie » (ou, dans une variante, « Pour défendre le pays »). Avec ce *Chant des*

Africains aux lèvres, l'« Armée B » française, commandée par le général Jean de Lattre de Tassigny, participa aux côtés de la VIIe armée américaine au débarquement en Provence, à partir du 15 août 1944. La moitié des troupes « françaises » était des sujets coloniaux africains, surtout des Maghrébins, l'autre moitié des soldats « d'origine européenne » – neuf sur dix d'entre eux étaient des colons venant, eux aussi, de l'Afrique et, surtout, de l'Afrique du Nord. Le nom de code de l'opération – *Anvil Dragoon* – reflétait bien la situation de ces Africains de toutes les couleurs : ils étaient pris entre le marteau et l'enclume – *anvil* – comme devait l'être l'armée allemande par le double débarquement allié, en Normandie et en Provence ; ils l'étaient d'autant plus que beaucoup d'entre eux débarquèrent sur les plages méditerranéennes aussi contraints et forcés – *dragooned* – que s'estimait Churchill. Le leader britannique aurait voulu prendre l'armée allemande en tenaille en Europe centrale, pour arriver à Berlin avant les Soviétiques. Il insista pour que le nom du débarquement rappelât qu'on lui avait forcé la main.

La *Mare nostrum* que se partagent l'Afrique, l'Europe et le Proche-Orient n'est pas seulement un lieu de mémoire ou, de nos jours, une mer à traverser à bord d'embarcations de fortune. C'est aussi une rade géante pour les bateaux fantômes des imaginaires collectifs. Sur les mêmes plages entre Nice et Toulon où des colonisés venus libérer « leur » métropole sautèrent à terre, l'écrivain Jean Raspail a déversé en 1973 – l'année du « choc pétrolier », qui sonna le glas des Trente Glorieuses et de l'appel à la main-d'œuvre immigrée... – un million de « miséreux » qui allaient submerger la France et emporter la civilisation occidentale. Il le fit dans une œuvre de fiction, *Le Camp des saints,* en multipliant les références à l'Apocalypse de saint Jean. Je ne mentionne son livre ici ni pour relancer la polémique qu'il a suscitée, et continue de nourrir au fil de ses rééditions, ni pour jouer à cache-cache avec cette allégorie et la réalité[5] ; à mes yeux, ce roman n'est pas devenu une « prophétie » parce qu'un million de migrants ont traversé la Méditerranée en 2015. Mais *Le Camp des saints* – et c'est là son intérêt – réactualise l'imaginaire d'une « invasion barbare », de la même façon que *Soumission,* le roman de Michel Houellebecq narrant l'arrivée au pouvoir en France d'islamistes « modérés », réactualise l'imaginaire d'une conquête musulmane. Dans les deux cas, l'avenir effraie d'autant plus qu'il conjugue le révisionnisme historique au futur antérieur : le lecteur est plongé dans un monde où Charles Martel aura été battu à plates coutures, où l'Europe, assaillie par Attila et les Huns, se sera couchée aux champs Catalauniques…

Une digue bouchée avec des liasses d'euros

En 1850, l'Europe – sans la Russie – comptait environ 200 millions d'habitants. En 1914, à la veille de la Première Guerre mondiale, elle en comptait largement 100 millions de plus. Les deux dates marquent, à peu près, le début et la fin de sa transition démographique. Pendant cette période, près de 60 millions d'Européens ont quitté leur continent, 43 millions pour les États-Unis, 11 millions pour l'Amérique latine, 3,5 millions pour l'Australie et un million vers l'Afrique du Sud. Puis, au lendemain de la Seconde Guerre mondiale, l'Europe méditerranéenne s'est mise à migrer si massivement vers le Nord qu'il y a aujourd'hui en France quelque 3,5 millions d'habitants d'origines portugaise, italienne ou espagnole de première ou deuxième génération. Dès lors, pourquoi l'Afrique n'aurait-elle pas à son tour « le droit » de réguler sa pression démographique grâce à une soupape migratoire ? L'Europe, qui a déversé son trop-plein de population à travers le monde, ne fait-elle pas preuve d'hypocrisie en lui refusant aujourd'hui ce qu'elle-même a pratiqué hier ?

Dans le monde tel qu'il est, le droit de s'installer où l'on veut n'existe pas ou, ce qui revient au même, est tributaire de la loi du plus fort. La revendication d'une liberté universelle d'aller et venir pointe souvent « la libre circulation des biens et des capitaux », ces prétendus favoris de la mondialisation. Mais cette liberté n'existe pas non plus – pour s'en convaincre, il suffit d'envoyer un colis ou un virement à l'étranger. Cette circulation, aussi, est strictement régulée. Par ailleurs, aujourd'hui comme hier, les immigrés sont tentés de fermer la porte derrière eux, avant que d'autres n'arrivent et les obligent à partager leur nouvelle prospérité[6]. Au-delà de ces obstacles de fait, l'argument fondé sur le précédent européen bute sur un impensé. Car il n'est peut-être pas « juste » que les continents affrontent le défi migratoire dans des circonstances différentes, plus ou moins favorables. Mais est-il « juste » que des pays polluent aujourd'hui avec la même insouciance que les pionniers de l'industrialisation ? En vérité, dès lors que les circonstances changent, les défis ne sont plus les mêmes – c'est le sens de l'Histoire. L'Afrique peut « sauter » l'étape des lignes filaires et directement passer à la téléphonie mobile. Est-ce « injuste » parce que d'autres continents avaient dû mettre en place une infrastructure coûteuse ? Pas plus que l'obligation faite à l'Afrique, comme me le disait un jour l'ancien président ivoirien Laurent Gbagbo, de « faire sa Révolution française sous le regard d'Amnesty International », une contrainte inexistante en 1789. L'Afrique devra donc aussi achever sa transition démographique dans un monde plus fermé et aura finalement surtout à blâmer sa nonchalance par rapport à la planification des naissances, la « recette » la plus évidente pour augmenter la richesse par tête d'habitant. Des campagnes de sensibilisation comme au Bangladesh (« Une famille peu nombreuse est une famille plus heureuse ») ou en Jamaïque (« Deux enfants c'est mieux que trop d'enfants ») n'ont guère été entreprises au sud du Sahara.

Bien avant 2015, l'année migratoire record qui a vu ses défenses s'effondrer, l'Union européenne a nourri des doutes au sujet de sa capacité à interdire l'accès à son territoire aux migrants du Sud. Elle avait testé une réponse intransigeante dans un périmètre limité, autour de Ceuta et Melilla, les deux présides espagnols sur le territoire marocain. En 2003, pour un coût dépassant 30 millions d'euros, elle y avait érigé des grillages d'acier hauts de sept mètres. Mais à partir de 2006, les images de migrants s'agrippant comme à leur dernier espoir à ces ouvrages rappelant le Rideau de fer sont devenues le symbole d'une « forteresse Europe », interdite aux damnés de la terre. Au propre comme au figuré, l'escalade tournait au risque incalculable. En février 2014, pour empêcher les plus audacieux de contourner l'obstacle à la nage, les gardes-côtes espagnols avaient tiré des balles en caoutchouc sur des têtes voguant dans la mer. Il y eut, au moins, quinze morts[7]. Par ailleurs, l'Europe avait fait ses calculs. La chasse incessante aux clandestins dans l'espace Schengen, la détention en permanence de quelque 140 000 personnes en instance de jugement, les procédures judiciaires, d'appel en appel, et, pour finir, les charters de retour, coûtaient très cher. Pour rapatrier tous ses immigrés illégaux, la seule Grande-Bretagne aurait dû dépenser 9 milliards d'euros, selon l'estimation de son *National Audit Office*, et faire tourner la porte-tambour de l'expulsion pendant quinze à trente ans[8]. Par comparaison, les 3 milliards d'euros versés à la Turquie en 2016, et la promesse d'une deuxième tranche du même montant, le tout pour bloquer quelque 2,5 millions de migrants sur le sol turc, peuvent ainsi paraître un bon placement, quasiment un « prix d'ami ». Surtout en l'absence de mauvaise presse pour des violations des droits de l'homme – sans doute moins faute d'abus que de témoins pour les rapporter. Depuis 2015, l'UE redouble d'efforts pour subventionner des États policiers sur son flanc méridional afin de s'entourer d'un *limes* de protection. Elle n'est pas très regardante sur ses « partenariats », aussi bien avec Recep Tayyip Erdogan qu'avec des « seigneurs de la guerre » en Libye, un pays non signataire de la Convention de 1951 relative au statut des réfugiés. Selon la présidente de MSF International, Joanne Liu, « la situation actuelle [en Libye] résulte d'un ensemble de faits : le départ de Kadhafi, la coexistence de trois gouvernements, la multiplication des milices, l'absence de lois régaliennes… Tout ceci a abouti à un vaste système de prédation qui s'exerce sur les plus désespérés. Or, par leur politique actuelle, des membres de l'UE, dont la France, ne font qu'entretenir ce réseau criminel. Prenez les budgets adoptés par l'Union. Plus de 90 millions d'euros ont été votés en avril pour aider la Libye à affronter les problèmes migratoires. Mais on sait qu'il n'y a pas de supervision quant à l'utilisation de cet argent. Fin juillet, 46 millions ont été débloqués pour la formation des gardes-côtes libyens. Or ils sont formés à ramener les migrants en Libye, dans cet environnement abject[9] ».

À première vue, la stratégie de l'Europe – boucher une digue sur le point de céder avec des sacs d'euros – semble aussi différente de celle des États-Unis qu'un distributeur automatique d'une base militaire. L'Amérique a en effet opté pour la militarisation de sa frontière avec le Mexique, longue de 3 145 kilomètres et, avec quelque 350 millions de passages légaux par an, la plus traversée du monde. Ce choix est bien antérieur à l'élection de Donald Trump, qui y a ajouté une surenchère à la mode – un « mur »[10] – et des injures à l'égard des Mexicains (« des criminels, des violeurs »). Dès 2006, à la suite du *Secure Fence Act,* George W. Bush avait fait construire sur mille kilomètres une double rangée de grillages électroniquement surveillés, pour 1,75 milliard de dollars. En 2010, quand cette approche a été abandonnée en raison de son coût exorbitant, Barack Obama a investi 600 millions de dollars dans le personnel de surveillance ; il a porté à plus de 20 000 le nombre des agents de patrouille, un nouveau record. En complément, l'opération *Streamline,* déclenchée en 2005, moud le grain judiciaire en traduisant automatiquement en justice chaque clandestin appréhendé ; 99 % d'entre eux sont condamnés au terme de procès de masse. L'utilité de cette panoplie répressive n'est pas évidente. Selon les autorités américaines elles-mêmes, sur les quelque 200 000 clandestins réussissant à franchir la frontière par an, moins de la moitié – environ 85 000 – restent illégalement aux États-Unis. Les autres retournent au Mexique, comme le feraient sans doute un nombre encore plus grand de leurs compatriotes clandestins installés de longue date – ils étaient 5,8 millions en 2016, un chiffre en décroissance depuis dix ans – si on ne leur barrait pas la route de retour avec des obstacles de plus en plus sophistiqués…

L'Amérique de Trump se prend à tort pour une forteresse assiégée alors que la pression migratoire du Mexique et, au-delà, de toute l'Amérique latine diminue. Par ailleurs, l'absence d'un système de sécurité sociale performant aux États-Unis « autorégule » les flux migratoires ; sans travail ou soutien familial, il est difficile d'y survivre. Ce n'est pas le cas au sein de l'Union européenne, qui compte pour la moitié des fonds investis dans la sécurité sociale de par le monde et constitue un espace de protection sociale très difficile à sécuriser : les frontières terrestres de l'UE s'étirent sur 9 000 kilomètres et le littoral à surveiller sur 42 000, soit plus que le tour du monde à l'équateur. Eu égard à ces différences, les stratégies européenne et américaine ne sont, après tout, pas si contrastées : en rémunérant des États limitrophes qui lui servent de camps de rétention, l'Europe cherche à s'abriter derrière un rempart d'argent ; Donald Trump veut bâtir un « mur » sur la frontière avec le Mexique en envoyant la facture à son voisin.

« *Jouer au bowling tout seul* »

Un air de famille subsiste entre le Nouveau Monde et le Vieux Continent, qui remonte au temps où pratiquement chaque Européen avait son « oncle » d'Amérique. Mais cette impression est trompeuse et l'était sans doute déjà bien avant l'abolition des quotas d'immigration par nationalité en 1965, quand neuf nouveaux arrivants aux États-Unis sur dix venaient d'Europe – depuis, la proportion s'est inversée. J'en veux pour preuve ce moment clé dans *Gatsby le Magnifique,* le best-seller de Francis Scott Fitzgerald publié en 1925, où le héros dit : « Comment, on ne peut pas répéter le passé ? Mais bien sûr que l'on peut ! » À la lecture de cette phrase, des générations de petits Américains comprenaient tout de suite que Gatsby était perdu, sans rémission ; en revanche, hier comme aujourd'hui, des petits Européens glissent sur ces mots en attendant la suite de l'intrigue, la reprise du suspense. Pour eux, l'histoire est une roue qui tourne. Pour des Américains, qui ont intériorisé la « destruction créatrice » du progrès, l'Histoire est un bulldozer faisant place nette pour du neuf.

Il convient d'y penser quand on énonce ce qui, autrement, ne serait qu'une évidence : les États-Unis sont un pays d'immigration. Oui, bien sûr, mais pas toujours le même ! L'Amérique, qui représente aujourd'hui moins de 5 % de la population mondiale, concentre sur son sol 20 % de tous les immigrés, une proportion inégalée[11]. Tout y est prévu pour les nouveaux arrivants, du guichet à l'aéroport au parcours fléché de la naturalisation en passant par les classes ESL (*English as a Second Language*) dans toutes les écoles. Ce qui ne veut pas dire que Donald Trump soit le premier homme politique à rompre avec cette tradition d'accueil. Il s'en faut de beaucoup. Par exemple, un autre populiste, Thomas Watson, élu à la Chambre des Représentants puis au Sénat, vitupérait en 1910 contre « les hordes les plus dangereuses et corruptrices du Vieux Monde qui nous envahissent » ; pour lui, ils étaient « la lie de la Terre »[12]. Il visait les migrants méditerranéens, catholiques et trop « basanés » aux yeux des WASP (White Anglo-Saxon Protestants), qui mirent longtemps avant de les accepter à l'intérieur d'une catégorie raciale élargie – les « Caucasiens », une typologie fantaisiste, fondée sur la description d'un seul crâne ! – pour conforter la supériorité numérique des « Blancs ». À l'époque, le problème des Noirs ne se posait pas… à la frontière, et aurait sans doute été vite réglé. La main-d'œuvre asiatique était sous-qualifiée et surexploitée. Jusqu'en 1952, elle ne pouvait pas prétendre à la nationalité américaine.

1965 a marqué un tournant, pas seulement pour les Noirs américains et leurs droits civiques, mais aussi – la coïncidence n'est évidemment pas fortuite – pour les « gens de couleur » aux portes de l'Amérique. Solennellement, au pied de la Statue de la Liberté, le président Lyndon B. Johnson a signé la nouvelle loi sur l'immigration et l'accession à la nationalité, qui a mis fin aux restrictions frappant les non-Européens.

Depuis, près de 60 millions de nouveaux migrants ont fait des États-Unis leur deuxième patrie (78 millions, si l'on ajoute les illégaux et leurs enfants). Les trois quarts d'entre eux sont venus d'Amérique du Sud ou d'Asie. Aujourd'hui, les *Asian Americans* tiennent leur revanche : représentant 6,4 % de la population, ils sont le groupe en forte croissance qui contracte le plus de mariages mixtes, qui est le mieux éduqué et le plus prospère, bien plus que les « Blancs » dont ils ont dépassé le revenu moyen par foyer, en 2015, de 25 %. À présent, plus de la moitié des techniciens de la Silicon Valley est asiatique ou d'origine asiatique.

Les fondamentaux statistiques du *nouveau* pays d'immigration que sont les États-Unis se résument en peu de mots. Environ 4 millions d'Américains naissent par an alors que 2,5 millions décèdent ; environ un million d'immigrants s'ajoutent à la population dont, depuis 2008, une majorité d'origine asiatique ; cependant, les « Latinos » et, en premier lieu, les Mexicains, représentent encore la grande masse du « stock » des immigrés qui commence à vieillir ; leur afflux a continuellement baissé depuis 2005 ; même parmi les illégaux, les deux tiers résident dans le pays depuis plus de dix ans. En revanche, ce qui est beaucoup moins évident à résumer, parce que controversé parmi les chercheurs en sciences sociales, ce sont les caractéristiques actuelles de la société américaine récipiendaire d'afflux extérieurs importants depuis deux siècles. Désormais, le profil de l'immigration ressemble à un sablier, large à la base – la main-d'œuvre peu qualifiée – et à l'autre extrémité – les migrants hautement qualifiés venant du monde entier – mais resserré au milieu. Les experts s'accordent à dire que les « bras » étrangers contribuent à maintenir à un bas niveau les prix et salaires dans certains secteurs, en particulier dans l'agriculture, la restauration rapide et les services. Les « cerveaux » – *the best and the brightest* – font également l'unanimité. Leur venue procure à l'économie américaine une capacité constamment renouvelée d'innovation. Depuis 1990 et le début de la révolution numérique, le quart des entreprises américaines ayant enregistré la plus forte croissance ont été créées par des étrangers. Le consensus des experts est déjà moins solide quand il s'agit du nouveau paradigme du « vivre-ensemble » aux États-Unis, même si une majorité d'entre eux estiment que le *melting pot* – « creuset » – relève du passé et que l'avenir appartient à une « mosaïque multiethnique et multiculturelle ». L'un des meilleurs indices de cette tendance « cohabitation plutôt que fusion » est le faible taux de naturalisation des nouveaux immigrés, autour de 50 %, bien moindre qu'en Europe de l'Ouest et sans comparaison avec la volonté des immigrés au Canada ou en Australie de devenir des nationaux. De plus en plus, des étrangers viennent aux États-Unis parce que « c'est un pays qui marche », sans pour autant adhérer à un projet de société qui a longtemps su conjuguer ouverture au monde et identité nationale à travers une foi inébranlable en l'« exception américaine ». Faut-il en conclure que l'Amérique est moins exceptionnelle à force d'être copiée ou, au contraire, que son « modèle » s'est essoufflé ?

Les travaux sur l'immigration du politologue Robert Putnam, professeur à Harvard, ont provoqué de vifs débats. Dans un article paru en

1995, puis un livre en 2000, il a soutenu, chiffres à l'appui, que le « capital social » au sein de la société américaine était en chute libre depuis les années 1960 – une thèse condensée dans le titre *Bowling Alone,* « jouer au bowling tout seul ». Selon Putnam, le capital social se compose de *bonding capital,* soit tout ce qui fait « lien » avec ceux qui nous ressemblent à un titre ou un autre, et de *bridging capital,* soit tout ce qui nous permet de bâtir des ponts envers ceux pour qui ce n'est pas le cas, du moins a priori. Les deux formes de capital social dépendent l'une de l'autre. Si bien que, trivialement résumé, mieux on se sent dans sa culture et avec ses semblables, plus on serait prêt à s'ouvrir aux étrangers et à leurs modes de vie différents. Dans le cas contraire, sans lieu sûr à partir duquel bâtir des ponts, Putnam relève une attitude de repli (*hunkering down*), et ce à l'égard de *toute* la société et non pas seulement envers ses membres moins familiers. C'est comme si toute confiance s'évaporait.

Putnam ne pourfend pas la diversité, bien au contraire. Son dernier livre doublé d'un site Web, *Better Together* – le titre aurait inspiré le slogan électoral de Hillary Clinton en 2016, *Stronger Together* – insiste sur l'engagement civique et l'importance du lien social. On lui a même reproché d'avoir tardé à publier ses résultats par peur d'une récupération politique par la droite. Il a reconnu avoir attendu, le temps de formuler « des propositions pour compenser les effets négatifs de la diversité[13] ». À supposer que le cœur de la thèse de Putnam – la proportionnalité directe entre le *bridging capital* et le *bonding capital* – soit corroboré par d'autres études, cela inciterait fortement à trouver un *point d'équilibre* en matière d'immigration. Car, sans immigration, il n'y a ni défi lancé aux habitudes invétérées ni plaisir à retrouver ses façons habituelles de faire ; en revanche, quand les habitants de longue date se sentent « envahis », ils coupent les ponts, rentrent dans leur caverne identitaire et se muent en troglodytes. La victoire électorale de Donald Trump semble indiquer que c'est le cas d'un nombre important d'Américains.

L'antithèse des États-Unis est le Japon, historiquement le « pays fermé » – *sakoku* – coupé du monde pendant deux siècles, de 1639 à 1854[14]. D'un côté, *E pluribus unum,* « Un seul à partir de plusieurs » ; de l'autre, une prime à la cohésion nationale, à l'uniformité ethnique et culturelle. En 2015, seule 1,5 % de la population nippone était née à l'étranger, contre 13,3 % en Amérique. La même année, le statut de réfugiés n'a été accordé qu'à vingt-sept personnes alors que le Japon est le quatrième bailleur de fonds du Haut Commissariat des Nations unies pour les réfugiés (HCR)[15]. En 2016, quelque 600 réfugiés coréens ont été accueillis sur l'archipel. À en juger par le débat public et les sondages d'opinion, l'immigration y reste un anathème, sauf quand il s'agit de faire venir un nombre limité d'aides-soignantes du Vietnam, d'Indonésie ou des Philippines (en attendant de les remplacer par des robots, dont le développement est une priorité de l'industrie de pointe japonaise). Pourtant, il y a une kyrielle de raisons qui, ailleurs, militeraient en faveur d'un apport démographique extérieur : la très grande faiblesse du taux de fécondité, qui a touché le fond en 2005 avec 1,26 enfant par femme, loin du taux de remplacement de 2,1 ; le risque de voir ainsi la population japonaise chuter des 128 millions d'habitants atteints en 2010 à 87 millions en 2060 ; auquel cas, dans un peu plus de quarante ans, 4 Japonais sur 10 auront plus de soixante-cinq ans ; déjà une décennie plus tôt, 100 actifs auront à leur charge 96 inactifs, dont 72 seront des vieux et seulement 24 des enfants ; à titre de comparaison, en 2050 aux États-Unis, 100 actifs cotiseront pour 74 dépendants, 37 retraités et 37 mineurs.

Le Japon semble confirmer que le *bonding capital* – les liens d'attachement entre semblables – pâtit d'une pénurie de *bridging capital* – la capacité à construire des ponts vers des personne a priori différentes[16]. Que l'espoir – *kibo* – se fasse rare au sein d'une population rapidement vieillissante, et dans un pays dont l'économie souffre depuis des décennies d'une stase déflationniste, ne surprendra pas. En revanche, que des jeunes s'enferment dans l'obscurité de leur chambre, n'en entrouvrent la porte que pour réceptionner un plateau-repas et ne communiquent plus que par écran interposé et dans le *cyberspace* est déjà moins banal ; le phénomène est suffisamment répandu au Japon pour qu'on ait donné à ces jeunes un nom, *hikkimori,* les « reclus sociaux ». Quant aux vrais retraités, qui sont des pensionnaires privilégiés grâce à l'ancien « emploi à vie » et l'électorat le plus courtisé du fait de leur nombre, ils « planent » au-dessus des jeunes dont 38 % sont cantonnés dans des emplois précaires. Presque un tiers des Japonais – 31 % – vivent seuls, dont beaucoup de femmes âgées et aisées, qui n'ont jamais été mariées. Elles ont dévoré le livre publié, en 2007, par la sociologue féministe Ueno Chizuko, *Un guide pour des célibataires. La vie après le départ à la retraite,* un best-seller. Si l'on devait caractériser le Japon contemporain en deux mots, « personne seule » – *ohitorisama* – et « société sans relations » – *muen shakai* – viendraient à l'esprit. Ce qui rappelle le « jouer au bowling tout seul ».

Le Japon et les États-Unis ne sont ni l'enfer ni le paradis sur terre pour avoir fait des choix inverses par rapport à la diversité de leur population. Ils marquent deux points éloignés l'un de l'autre dans un continuum où chaque communauté nationale doit trouver son point d'équilibre. Les nations n'ont pas toujours les moyens de leurs choix puisque des contraintes extérieures existent, comme elles existent pour l'individu dans l'alternance entre sociabilité et solitude, partage et ressourcement. Mais aucun tiers ne saurait décréter, ni, à plus forte raison, imposer, ce qu'il faut « dans l'absolu ». La diversité est un mot-valise dans lequel chacun met ce qui lui importe, de la diversité de couleur de peau à celle du genre en passant par la diversité socio-économique, religieuse ou linguistique. Au lieu de servir de voie d'accès à l'universel, elle peut n'être qu'un syncrétisme de surface qui privilégie les marqueurs physiques sur des différences moins visibles et dissuade de creuser dans sa propre culture pour rejoindre l'autre plus en profondeur. Pour Putnam, la diversité a besoin d'un ancrage dans la similitude autant que l'inverse. À défaut, la confiance interpersonnelle s'érode et ne peut être que très imparfaitement compensée par une fuite en avant dans la judiciarisation des rapports sociaux. D'ailleurs, si la diversité était une valeur en soi, pourquoi chercherait-on à la diminuer par des efforts de rapprochement, d'ouverture envers l'autre et des échanges ?

En 1900, un quart de la population mondiale était européenne ; en 2050, les Européens ne seront plus que 7 %, et près d'un tiers d'entre eux auront plus de soixante-cinq ans. D'abord proportionnellement et, désormais, aussi en chiffres absolus, la population européenne diminue. Parallèlement, elle « grisonne » ; des pays comme l'Allemagne ou l'Italie sont déjà chenus. Le ratio entre actifs et dépendants, c'est-à-dire entre adultes versant des cotisations et jeunes ou vieux qui en bénéficient, se détériore rapidement, avec tout ce que cela implique pour des systèmes de sécurité sociale fondés sur la solidarité intergénérationnelle. Si l'Europe suit sa pente actuelle, ce ratio sera passé, entre 2000 et 2050, de quatre actifs pour un dépendant à deux pour un. En revanche, au sud du Sahara, ce ratio n'aura eu de cesse de s'améliorer, du moins sur le papier. Par exemple, le Niger comptera 19 actifs pour un dépendant en 2050 et, en cas de plein emploi, engrangerait un fabuleux « dividende démographique ». Or, nous l'avons vu, il y a un abîme entre les offres sur le marché du travail nigérien et le nombre des jeunes qui y entrent année après année. Dans toute l'Afrique subsaharienne, il faudrait actuellement créer autour de 22 millions d'emplois par an pour donner du travail aux « primo-arrivants ». On en est si loin que, par comparaison, les rivages européens paraissent plus proches.

Ce que j'appelle « des comptes d'actuaire » sont à la démographie ce que furent, jusqu'au début du XIXe, les comptes d'apothicaire à la médecine, à savoir des factures exagérées et, souvent, totalement farfelues. Le savant qui préparait, vendait et administrait des médications forçait la note. Les démographes font de même quand ils prétendent résoudre des problèmes structurels de pays, voire de continents entiers, par un calcul portant, la plupart du temps, sur un « vide » à combler ou un « trop-plein » à répartir. Même le père de la démographie moderne en France, Alfred Sauvy, n'y a pas résisté. Dans une étude publiée en 1946, il a évalué les besoins en matière d'immigration pour que la France retrouve un « équilibre de structure » entre actifs et dépendants. Il les a chiffrés à 5,3 millions de personnes à faire venir, dont 2,45 millions d'adultes. Dans un pays qui ne comptait alors que 40 millions d'habitants, cela revenait à augmenter la population de 13 %. Il aura fallu attendre 2005 pour que le cumul migratoire en France atteigne le niveau que Sauvy appelait de ses vœux au sortir de la Seconde Guerre mondiale. Autant dire qu'une prudente réserve s'impose envers l'« éloquence des chiffres ». Voici un autre exemple : « Le continent africain verra sa population en âge de travailler quintupler au cours des quarante prochaines années, alors que celle de l'Europe diminuera d'un quart. » La complémentarité est censée tourner ces problèmes asymétriques en opportunité à saisir. « L'exportation de migrants peut donc être une industrie particulièrement lucrative »[17]. En France, l'idée que l'« exportation » de la main-d'œuvre africaine puisse « codévelopper » la jeune Afrique et le Vieux Continent remonte à décembre 1997. À ma connaissance, elle a été énoncée pour la première fois dans le « Rapport de bilan et d'orientation sur la politique du codéveloppement liée aux flux migratoires », remis par Sami Naïr au Quai d'Orsay.

Au niveau européen, un scénario appelé « Convergence » a été élaboré pour la période 2010-2060. Son ambition est de compenser largement une perte escomptée de 70 millions d'habitants au cours de ce demi-siècle en faisant passer la population au sein de l'UE de 501 millions en 2010 à 517 millions en 2060. À cette fin, le scénario table sur la venue de 86 millions de migrants, soit 1720000 par an – un chiffre comparable à l'afflux record de 2015. Ce que cela impliquerait humainement, tant pour les migrants que pour ceux censés les accueillir dans de bonnes conditions, au-delà d'une logistique « qui tourne », n'est pas pris en considération dans cette étude. Elle part des défis européens – sans apport extérieur, l'Allemagne perdrait 24 millions d'habitants, soit 29 % de sa population actuelle, l'Italie 15 millions d'habitants (25 %) et l'Espagne 8 millions (18 %) – pour trouver la solution aux défis diamétralement opposés auxquels doit faire face l'Afrique subsaharienne.

Les démographes de l'ONU ont également scénarisé plusieurs hypothèses d'avenir dans un rapport publié en 2000, *Migration de remplacement : est-ce une solution pour les populations en déclin et vieillissantes ?* Ils ne pouvaient pas savoir que, dix ans plus tard, Renaud Camus allait appeler sa théorie conspirationniste « le Grand Remplacement », également titre de son livre paru en 2011. Leurs projections étaient légitimes et instructives. Ils anticipaient que, pour maintenir la population de l'UE au niveau qui était le sien en 1995, l'Europe communautaire devrait faire venir 949000 immigrés en moyenne par an à l'horizon de 2050, soit 100000 de plus qu'au cours de la décennie 1990 (857000). Pour stabiliser sa population *active*, elle devrait accueillir 1,6 million d'étrangers par an, soit presque le double des années 1990. Enfin, si elle cherchait à maintenir au même niveau la proportion des actifs et des dépendants, c'est-à-dire le ratio de dépendance, elle devrait accueillir chaque année 13 millions de nouveaux venus ; en 2050, les trois quarts de sa population seraient alors des Africains ou des enfants d'Africains – « des chiffres de toute évidence politiquement inacceptables dans tous les pays [européens] », précisent les auteurs du rapport[18]. Ils explorent aussi des variables d'ajustement autres que l'immigration, comme par exemple l'âge de la retraite. Selon leurs calculs, en combinant le plafonnement à 30 000 nouveaux arrivants par an avec un relèvement du départ à la retraite à soixante-neuf ans, la France pourrait stabiliser son ratio de dépendance à trois actifs pour un retraité, soit à peu près à mi-chemin entre ce qu'il était en 1995 (4,3) et ce qu'il serait en 2050 (2), en l'absence de mesures correctives.

Voilà ce qui desserre déjà la « contrainte démographique » pour l'Europe. Mais, en vérité, il n'y a pas de contrainte du tout, l'immigration massive de jeunes Africains n'est ni nécessaire ni utile pour une raison impérative : leur venue *n'améliorerait en rien* le ratio de dépendance sur le Vieux Continent. Certes, les migrants adultes intégreraient la population active et contribueraient, à travers leurs cotisations, à financer le système des retraites, mais, compte tenu de leurs familles qui sont, en moyenne, plus nombreuses, le gain auprès des retraités serait compensé par le coût pour scolariser, former et soigner leurs enfants[19]. « Dans aucune hypothèse, en prenant en considération à la fois les enfants et les parents, les migrants ne réduisent le ratio de la dépendance, même provisoirement », insiste Paul Collier[20]. En fait, la soi-disant « contrainte démographique » est une mystification. Comme nous l'avions déjà relevé, la venue de bras et de cerveaux socialise une partie du coût du travail que le contribuable supporte, à travers l'État, pour accueillir l'immigré, alors que l'employeur privatise le profit tiré de la main-d'œuvre étrangère. En plus, de possibles alternatives à l'immigration comme, par exemple, des politiques favorables aux familles nombreuses, ne sont pas poursuivies avec vigueur. En Allemagne, même l'immigration massive telle que prévue dans le scénario « Convergence » ne parviendrait pas à compenser entièrement la perte de population. En 2060, malgré la venue de 86 millions d'étrangers en Europe, l'Allemagne aurait toujours 15 millions d'habitants de moins qu'en 2010, alors que la France, sans recours à plus d'immigration, verrait sa population croître de 5 %. Dès lors, comment justifier l'a priori selon lequel il serait mieux d'intégrer des étrangers plutôt que de donner envie aux résidents d'avoir plus d'enfants[21] ?

Les gouvernants européens ont longtemps hésité à ôter à l'immigration son faux air d'inéluctabilité. Ils ont préféré tricher sur le coût social de la venue d'étrangers plutôt que de recourir à une solution plus évidente et efficace, mais électoralement risquée, face au vieillissement de leur population : verser au profit de *tous* le « dividende démographique » que rapporte la longévité dans les sociétés modernes, au lieu de permettre aux retraités de monopoliser ce bonus. En effet, le meilleur moyen d'améliorer le ratio de dépendance dans l'Europe vieillissante, et de garantir la viabilité d'une sécurité sociale sans égale dans le monde, consiste à rendre productifs les gains de vie engrangés depuis un siècle. Ils sont considérables. Au niveau mondial, l'espérance de vie à la naissance est passée de vingt-cinq ans, il y a deux siècles, à soixante-dix ans en 2015 (soixante-huit ans pour les hommes et soixante-douze ans pour les femmes) ; elle devrait atteindre quatre-vingt-cinq ans en 2060. Le Japon et la France figurent en tête du palmarès, avec soixante-dix-neuf ans pour les hommes et quatre-vingt-six ans pour les femmes en 2015. Rappelons que l'on ne pouvait espérer vivre que cinquante ans au début du XXe siècle en Europe et aux États-Unis. Désormais, les enfants occidentaux gagnent sur leurs parents, en l'espace d'une génération, cinq à six ans de longévité. L'allongement de la vie – à cent vingt ans et au-delà – est envisageable à moyen terme[22]. Dans ce contexte, la « retraite » doit être repensée de fond en comble. Les années gagnées ne pourront plus servir exclusivement à rallonger une vie de repos aux frais de la société. D'ailleurs, les premiers intéressés soulèvent eux-mêmes le problème d'un long troisième âge à l'écart, sans sentiment d'utilité. Pouvoir « rester actif » tend à devenir un privilège.

Gare aux « rétro-transferts »

Écartons un double malentendu : la migration de masse ne perd pour autant ni sa raison d'être pour l'Afrique ni son actualité pour l'Europe, qui ne pourra pas se désintéresser des problèmes au sud de la Méditerranée pour des raisons évidentes. (« Quand la case de ton voisin brûle, va vite l'aider sinon le feu embrasera aussi la tienne »). Nous venons d'explorer la perspective européenne. Il reste à établir ce que l'Afrique espère gagner, ou risque de perdre, dans une rencontre migratoire à grande échelle. Ce qui, au préalable, pose le problème de savoir « qui rencontre qui ». C'est beaucoup moins évident qu'il n'y paraît, et pas seulement parce qu'il s'agit d'un rendez-vous confus qui doit beaucoup aux hasards de la route. D'un côté, il y a le « migrant », terme que nous avons adopté pour regrouper, sans distinction, les demandeurs d'asile, les réfugiés et les migrants économiques, légaux ou illégaux. Quelle que soit la motivation du migrant au départ, elle ne prédétermine pas le projet de vie qu'il poursuivra une fois arrivé. Va-t-il se fondre dans la société qui l'accueille ? Apporter sa culture en partage ? Vivre comme il le faisait chez lui et devenir ainsi un « travailleur invité » ou « séparatiste culturel » dans son pays d'accueil ? Ou va-t-il propager sa culture ou sa foi, en prosélyte de son mode de vie qu'il juge inaltérable ? Très souvent, le migrant ne le sait pas lui-même à son arrivée. Ce n'est qu'en côtoyant ses nouveaux voisins, dans les arbitrages quotidiens entre ce qu'il estime être « à prendre ou à laisser », que le cap de sa nouvelle vie va émerger lentement. En attendant, le brouillard reste d'autant plus épais que son vis-à-vis est anonyme. De l'autre côté, qui l'accueille ? Les « résidents » ? Ce terme a les faveurs de l'Union européenne mais inclut les immigrés déjà installés dont, le cas échéant, la diaspora du nouveau venu. D'autres termes, comme les « Français de souche » ou les « autochtones », passent aussi mal dans le débat public que l'idée de bien des migrants africains qui se croient « chez le Blanc ». Pour sortir d'un mauvais pas, Michèle Tribalat, chercheuse dissidente à l'Institut national d'études démographiques (Ined), a inventé le concept de « natifs au carré », soit les Français dont les parents et les grands-parents étaient, eux aussi, déjà français. Son employeur, tout comme l'Institut national de la statistique et des études économiques (Insee), préfère parler de « population majoritaire », sans plus de précision, ou identifier le fantôme en face du migrant par une double négation : « ni immigré ni descendant d'immigré ». Le malaise est patent. Ici, les comptes sont faits sans l'hôte que l'on ne saurait pas même nommer. Pour ma part, en privilégiant la citoyenneté et le contrat social sur tout « marqueur » identitaire, je mets en face du migrant, tout simplement, les nationaux, tous les détenteurs de passeport jouissant du droit de vote. Ils ont capacité à décider qui peut adhérer à leur « club » et à quelles conditions. Leur couleur de peau, leur « origine », leurs aïeuls ou « ancêtres » importent aussi peu que ceux du migrant désireux de les rejoindre au sein d'une communauté dont la cohésion dépend, selon les mots de saint Augustin, de « ce que ses membres aiment en commun ».

La rencontre migratoire est créditée d'importants transferts de fonds du Nord vers le Sud : 441 milliards de dollars en 2016 au niveau mondial, plus de trois fois le volume de l'aide publique au développement[23]. En 2013, la dernière année pour laquelle des données complètes sont disponibles, les migrants subsahariens ont envoyé « au pays » 33,2 milliards de dollars, soit un peu moins que le montant des investissements directs étrangers (36,5 milliards) et sensiblement moins que l'aide publique au développement (46,7 milliards) au sud du Sahara. Cependant, les rétro-transferts des migrants étant facilement sous-estimés en raison de leur fractionnement en petits montants – autour de 200 dollars, en moyenne – et du mode d'envoi souvent informel, l'on est fondé à supposer que l'apport financier de la diaspora africaine se situe quelque part entre l'investissement et l'aide. La difficulté de tracer ces flux explique aussi, du moins en partie, les divergences parfois frappantes d'un pays à l'autre. La solidarité avec les parents varie selon la nationalité des migrants mais, aussi, selon leur lieu d'installation. Ainsi, les Sénégalais en Espagne battraient-ils le record du monde en renvoyant au pays la moitié de leurs gains, cependant que les Ghanéens en Italie limiteraient le soutien à leur famille à un quart de leurs revenus[24].

Sans entrer dans le détail de situations souvent complexes, le soutien financier que l'Afrique reçoit de ses Argonautes à l'étranger est, indiscutablement, très important. Mais il n'est pas tout uniment bénéfique. D'abord, en renvoyant une portion significative de ses revenus en Afrique, le migrant limite ses moyens d'intégration dans le pays d'accueil – pour lui-même et pour les membres de sa famille vivant auprès de lui, dont ses enfants nés sur le sol européen qui sont en compétition directe avec leurs pairs à l'école et dans des activités de loisirs. Par rapport à ses moyens, le migrant et les siens sont moins bien logés, privés de véhicule ou d'un budget pour pratiquer un sport ou se cultiver. Ensuite, l'argent qui retourne au pays natal est rarement un investissement productif. Au mieux, il sert à financer les études des cadets ou à construire une maison ;

plus fréquemment, il sert à « dépanner », à boucler des fins de mois difficiles ou à régler des soins médicaux ; au pire, il subventionne l'indolence des parents ou est dilapidé dans l'ostentation. Dans tous les cas, il approfondit la fracture sociale dans les villages et quartiers d'Afrique entre ceux qui ont un parent à l'étranger et les autres, facilement envieux et tentés d'expédier l'un des leurs en Europe pour faire jeu égal. Enfin, « le mandat », pour reprendre le titre du roman et film d'Ousmane Sembène de 1968, s'accompagne d'autres « transferts », non moins importants que les virements mais plus rarement pris en compte. « Dis-moi où tes jeunes émigrent et je te dirai dans quel sens ta société va évoluer. » En effet, il n'y a plus seulement la visite annuelle, les lettres ou cartes postales et le coup de fil à l'occasion d'un mariage, d'un décès ou à la fin du Ramadan. À présent, par courriel, Facebook, Skype, Viber ou WhatsApp, le migrant « échange » continuellement avec les siens au pays et, grâce au wi-fi, sans grand souci du coût. Cette intensification des échanges relaie et personnalise le flot des nouvelles et images médiatiques, transmises via les ondes, l'Internet ou par satellite. Un parent est pris à témoin pour décrypter l'actualité, donner du sens personnel aux événements. C'est un échange d'idées, une étude comparative sans fin. « L'émigration en Europe a rapatrié vers le Maghreb des modèles sexuels et familiaux qui ont favorisé la transition démographique, au contraire de ce qui s'est produit en Égypte, où l'expatriation dans le Golfe a rapporté des références conservatrices et natalistes, fait remarquer Jean-François Bayart. En Afrique subsaharienne, les échanges entre sociétés de départ et sociétés d'accueil de l'émigration feront pareillement sentir leurs conséquences sur les rapports de parenté, les relations matrimoniales, les figures de notabilité, les liens historiques de sujétion sociale entre aînés et cadets ou hommes et femmes, mais aussi entre captifs et hommes libres[25]. »

Le « retour de flamme », dont l'auteur parle plus loin, ne s'effectue pas à sens unique. Les idées reçues en Afrique, que ce soit au sujet de l'autorité politique ou parentale, de la religion ou de l'homosexualité, risquent de paraître aussi « décalées » dans le contexte européen que les contenus normatifs circulant en sens inverse. Mais si ces derniers sont perçus comme les augures d'un avenir tantôt désirable, tantôt détestable, les messages venant d'Afrique ont toutes les chances de passer en Europe uniformément pour des « rétro-transferts ». Par exemple, quelles que soient les origines de l'homophobie en Afrique (parmi lesquelles la diabolisation de la « perversion de Sodome » par les missionnaires occidentaux), le fait que la criminalisation des rapports entre personnes du même sexe soit souvent populaire ne laisse guère entrevoir un « raccord » avec le niveau de tolérance désormais acquis en Europe. Dans 34 pays africains, l'homosexualité est punie par la loi, de peines allant de trois mois à deux ans de réclusion (Burundi), sinon jusqu'à quatorze (Kenya) ou quinze ans (Éthiopie), ou même à perpétuité (Ouganda, Tanzanie), voire jusqu'à la peine de mort (Soudan, Mauritanie, les douze États septentrionaux du Nigeria et la partie méridionale de la Somalie sous contrôle du mouvement Al-Shabaab).

Ce n'est pas le moindre paradoxe de la rencontre migratoire entre l'Afrique et l'Europe : elle est censée être le rendez-vous de la dernière chance pour les plus démunis à bout d'espoir, mais s'accommode de la « fuite des cerveaux ». Celle-ci n'est pas un épiphénomène. Par exemple, un bon tiers des médecins africains exercent dans les pays de l'OCDE, le club des riches, alors que le ratio entre médecins et patients au sud du Sahara est de l'ordre de un pour 9 000, voire de un pour 90 000 dans des cas extrêmes comme le Sud-Soudan, soit un prorata trente, voire trois cents fois inférieur au réseau médical en France. Plus généralement, l'on estime qu'au cours des trente dernières années, entre un tiers et la moitié des Africains titulaires d'un diplôme universitaire ont quitté leur pays, ou n'y sont pas retournés au terme de leurs études à l'étranger, préférant exercer leur métier dans un pays du Nord. Récemment, quelques chercheurs ont voulu reconsidérer cette perte de matière grise – *brain drain,* en anglais – comme une source de profit – *brain gain* – pour les pays africains. Leur raisonnement : le diplômé renverra beaucoup d'argent au pays ; son exemple incitera aussi ses compatriotes à investir dans l'éducation de leurs enfants et enclenchera ainsi un cercle vertueux. J'en doute. Pour commencer, la formation d'un diplômé coûte très cher à un État africain, celle d'un médecin revenait à 184 000 dollars (155 000 euros) en moyenne en 2005[26]. Il faudrait que le migrant soit d'une grande générosité pour renvoyer une telle somme, sans parler du fait que l'argent bénéficierait à ses parents et non pas au Trésor public. Ensuite, vouloir transformer l'Afrique en un pool de talents pour l'Europe est un étrange idéal de développement, d'autant moins durable qu'il compte sur des volontaires étrangers pour venir soigner la population pas encore suffisamment diplômée pour une carrière internationale… En fait, la fuite de ses citoyens les mieux formés, les seuls à disposer des aptitudes, des moyens et du temps nécessaires pour faire progresser leur pays, est une perte nette pour l'Afrique. Cet abandon est aussi profondément démoralisant : les mieux instruits ne croient pas à l'avenir sur place ; ils se sauvent.

Installés sur le Vieux Continent, les intellectuels africains tiennent souvent des propos critiques sur les anciennes puissances coloniales et leur rapacité, hier, et, aujourd'hui, sur une Europe exsangue, en voie de muséification. Qu'ils aient tort ou raison, l'on peut comprendre qu'ils voient leurs ex-métropoles comme « des sépulcres blanchis, qui paraissent beaux au-dehors mais qui, au-dedans, sont remplis d'ossements de morts et d'impuretés[27] ». Quant à l'Europe musée, ils en parlent en connaissance de cause puisqu'ils s'y trouvent. Sur « cet ennuyeux banc de glace que tend à devenir l'Europe » (Achille Mbembé), l'Afrique leur fait chaud au cœur. Ce n'est pas le cas des habitants « émergents » du continent, à qui l'avant-goût d'une vie meilleure donne envie de partir. Pourquoi se contenteraient-ils de sortir la tête de l'eau quand ils pourraient s'épanouir ailleurs ? À leurs yeux, l'Europe, vingt fois plus riche par tête d'habitant que l'Afrique au sud du Sahara, est un continent lumineux où tout est « parfaitement en règle ». Là aussi, on peut comprendre. Ils n'y sont pas encore.

La diaspora africaine en Europe passe pour le meilleur gage d'une plus grande solidarité entre les deux continents. Il y a là plusieurs idées qui se conjuguent, dont celle d'une grande « distance » à combler et celle d'intermédiaires qui rendraient ces échanges au long cours plus aisés, des interprètes en quelque sorte, à la fois ambassadeurs de leurs pays d'origine et – ce n'est jamais dit en ces termes crus – « officiers des affaires indigènes » pour une Europe historiquement en mal de décrypter l'Afrique ambiguë. Il est sous-entendu que l'Europe ne demanderait pas mieux et que les émissaires de l'Afrique sur son sol seraient d'honnêtes courtiers. Cela demande à être prouvé. Il se pourrait tout aussi bien que l'Europe ne demande qu'à « sous-traiter » – dans tous les sens du terme – une Afrique qui la culpabilise en lui renvoyant ses aigreurs postcoloniales, et que la diaspora ait intérêt à entretenir ce malaise. Les Africains installés derrière les lignes ennemies se laveraient ainsi du soupçon d'avoir conclu une paix séparée avec l'ancien colonisateur et s'assureraient une rente de situation comme intermédiaires indispensables. Enfin, du point de vue des Africains d'Afrique, la diaspora est leur tête de pont en Europe mais menace aussi le continent de l'« effet Soundiata » : l'enfant infirme chassé du village peut revenir en bâtisseur d'empire. À ce titre, l'exemple des esclaves affranchis d'Amérique qui colonisèrent le Liberia dans la première moitié du XIXe peut servir de mise en garde.

Les contours de la « diaspora africaine » sont flous. Selon la Banque mondiale, elle regrouperait environ 30 millions de migrants à travers le monde ; selon l'Union africaine, qui la voit en *black caucus* mondial, 168 millions. Sur le sol européen, l'éclosion d'une identité fondée sur des griefs coloniaux et le repli d'une frange de la population dans un ghetto victimaire, à l'instar des Indigènes de la République, reproduiraient la *grievance identity* (Shelby Steele) des Noirs américains. Déjà, la double filiation revendiquée du migrant africain – voisin, sinon concitoyen ou éclaireur, sinon grenadier-voltigeur, de son pays d'origine – ne facilite pas le commerce quotidien. Encore moins quand la « postcolonialité » s'en mêle, par exemple en France. Quand un vieux « souchien » y aborde un Noir en tant que concitoyen, celui-ci lui fera facilement remarquer qu'il est africain et fier de l'être, en ajoutant peut-être même que « ça se voit » ; mais en demandant s'il est français ou d'où il vient, il y a de bonnes chances que le « souchien » se voit reprocher d'avoir posé la question à un Noir « alors que c'est franchement navrant qu'on puisse encore penser que noir et français s'excluent ». Ce qui est vrai. Cependant, il n'y avait guère que 3 500 Subsahariens sur le sol français au milieu des années 1920, seulement 15 000 au milieu des années 1950, moins de 30 000 encore au milieu des années 1960, et environ 65 000 au milieu des années 1970, après la grande sécheresse au Sahel[28]. Le natif au carré a donc quelques excuses de penser que la France a longtemps été un pays monochrome. Au demeurant, les Africains blancs au sud du Sahara, par exemple au Kenya où ils sont environ 35 000, ne suscitent pas moins de questions voire d'incrédulité. Ce qui n'est pas non plus étonnant en Afrique noire.

Nous l'avons dit et répété : le passé colonial n'est qu'une circonstance aggravante. L'immigration n'en a pas besoin pour faire sourdre des ressentiments. L'anthropologue Arjun Appadurai, qui est né en Inde mais a fait carrière aux États-Unis, s'en étonne dans un assaut de candeur : « Comment se fait-il que tant de gens nous haïssent précisément pour ce qu'ils veulent si désespérément et cherchent à obtenir en forçant nos frontières, en obtenant nos visas, en prenant l'avion ou leur voiture, s'ils n'atteignent pas nos rivages à la voile ou à la nage ? Pourquoi dépenser tant d'énergie pour atteindre un pays qu'on méprise ? (...) Qu'arrive-t-il à une personne qui, au péril de sa vie, désire ce qu'elle rejette ensuite – un mode de vie "faux", moralement défectueux ? (...) Ainsi donc, tristement, les rêveurs et les haineux ne sont-ils pas deux groupes mais, souvent, les mêmes personnes. Sur une planète qui se mondialise, tous veulent faire partie du "meilleur monde" mais un monde meilleur n'est pas facile à définir : c'est l'Occident, pour le corps, et l'ailleurs pour le cœur[29]. » Chez Léopold Sédar Senghor, dans l'un de ses premiers poèmes, *Le Portrait,* tout tient en une ligne : « L'entêtement de ma rancœur aiguisée par l'hiver. »

Sa « politique de la pitié » (Hannah Arendt) empêche l'Europe de comprendre les ressentiments qu'elle suscite et la profonde déception qu'elle peut représenter. Puisque les migrants africains échappent à « l'enfer », l'Europe doit être un paradis pour eux. Une fois arrivés, ils sont donc « sauvés » – plus besoin de se faire de soucis pour eux. Ainsi, la part d'échec dans la rencontre migratoire est-elle souvent ignorée. Le Vieux Continent a la mémoire courte en la matière : un tiers de ses propres migrants, de ces millions partis pour le Nouveau Monde au tournant du

XXe siècle, sont revenus d'Amérique et de son rêve d'une nouvelle vie meilleure[30]. Aujourd'hui, les migrants africains ne sont pas nombreux à retourner définitivement dans leur pays d'origine. « On est venu de trop loin pour ne pas réussir[31]. » Ils s'accrochent, espèrent qu'au moins pour leurs enfants le déracinement se soldera par un gain indiscutable. Mais dans bien des conversations, même avec des figures de réussite au sein de la diaspora, il y a eu ce passage à vide, cette phrase soufflée à voix basse en fin de journée : « C'est vrai que je gagne bien ma vie ici. Mais est-ce que je vis ? » Puis, après un silence trop chargé pour être interrompu : « Enfin, c'est fait… » Et si c'était à refaire ? La question tourmente la deuxième génération quand elle a grandi sans que les parents y aient apporté une réponse.

En guise de conclusion
Des scénarios d'avenir

La migration massive d'Africains vers l'Europe n'est dans l'intérêt ni de la jeune Afrique ni du Vieux Continent. Seule l'entrée très sélective de quelques « bras » et, surtout, « cerveaux » africains apporterait des avantages à l'Europe, eu égard à son marché du travail hautement compétitif et susceptible de se contracter du fait de la robotisation – *in fine,* la décroissance de sa population active constituera sans doute un atout plutôt qu'un handicap pour le Vieux Continent. De son côté, l'Afrique a davantage à perdre qu'à gagner en « exportant » ses jeunes, comme s'ils s'étaient un problème et non la solution – ils deviendront la clé de son succès dès lors que les conditions sur le continent leur permettront de « grandir », c'est-à-dire d'être productifs et indépendants. En ce sens, le défi pour l'Afrique contemporaine n'est pas son trop-plein de jeunes mais sa pénurie d'adultes. Cependant, si toutes ces raisons pouvaient empêcher la ruée vers l'Europe, l'exode rural n'aurait jamais eu lieu en Afrique. Car, en l'absence de révolution verte, le départ massif des villageois vers des villes qui ne se sont pas non plus transformées en sites de production[1], s'est soldé par un double échec pour le continent – une situation *lose-lose*. C'est désormais chose faite, mais ce n'est pas pour autant que l'exode rural va s'arrêter, ou la ruée vers l'Afrique ne pas avoir lieu. La logique de situation est implacable : le partant, qu'il s'agisse d'un villageois ou d'un migrant intercontinental, choisit entre le connu et l'inconnu ; il fuit ce qu'il ne connaît que trop bien et saute le pas pour l'inconnu dont il ne peut savoir qu'il ne le reconnaîtra plus quand son ancien rêve sera devenu sa nouvelle réalité. Nul ne peut le prévenir. Quand bien même un citadin ou un « frère » de la diaspora ravalerait son amour-propre pour reconnaître la part d'échec au bout de sa route, le partant ne le croirait pas sur parole. Il voudra aller voir de ses propres yeux, juger par lui-même. En un mot, il veut *vivre*. « Mais pour vivre vraiment, disait Aimé Césaire, il faut rester soi. » Chacun est seul à solder ses comptes, à la fin.

L'Afrique, un continent encore pauvre mais déjà milliardaire en vies humaines, et qui sera multimilliardaire en trente ans, frappe à la porte de l'Europe. Sa population n'est pas seulement nombreuse, mais aussi la plus jeune du monde. Entre les tropiques du Cancer et du Capricorne, quatre Africains sur dix ont moins de quinze ans, et sept sur dix moins de trente. La balance entre le passé et l'avenir y penche lourdement du côté du futur. Un nombre croissant d'Africains ont les moyens et la *vista* pour aller chercher une vie meilleure là où elle leur semble promise. Ils n'en rêvent pas seulement, mais la voient mise en scène, à la télévision ou sur Internet. Ils participent à la modernité en faisant du « lèche-écran ». Quelques-uns des frères et sœurs sont déjà installés là où le virtuel existe « pour de vrai ». Dès lors, les plus audacieux ou les plus entreprenants – parfois, les moins stables aussi – se mettent en route pour l'Europe. La rencontre migratoire est sur le point de changer d'échelle. Mais l'union forcée entre la jeune Afrique et le Vieux Continent n'est pas encore une fatalité. Il y a de la marge pour des choix politiques, africains et européens, idéalement dans la concertation. Le défi pourrait même être une opportunité. Mais il se fait tard et le passé jette une ombre inquiétante sur l'avenir. La tentation de « suivre la pente », comme hier pour la planification des naissances en Afrique ou les « besoins » de main-d'œuvre immigrée en Europe, risque de transformer les flux migratoires africains en ruée vers l'Europe. Quand ? Dès que l'Afrique, notamment subsaharienne, va « émerger » réellement. C'est le dilemme que nous allons vivre : dorénavant, les bons augures venant de l'Afrique seront de funestes présages pour l'Europe.

L'obsession des « scènes et types »

Je voudrais conclure à travers quelques scénarios d'avenir, pour balayer le champ du possible. Le premier – le scénario « Eurafrique » – table sur un bon accueil réservé aux migrants africains dans l'espoir qu'ils rendront le Vieux Continent plus jeune, plus divers et, peut-être, plus dynamique aussi. Ce cas de figure consacrerait l'« américanisation » de l'Europe dans le sens généreux du poème d'Emma Lazarus gravé dans le socle de la Statue de la Liberté : « Vieux pays, gardez l'illustre pompe de votre passé ! / Crie-t-elle, les lèvres serrées. / Donnez-moi vos fatigués, vos pauvres, / Vos masses qui aspirent à vivre libres, / Le rebut de vos rivages surpeuplés. / Envoyez-les-moi, ces déshérités, ces naufragés de la vie, / Mon flambeau leur éclaire la porte d'or ! » À l'instar de l'Amérique, l'Europe s'accepterait pleinement comme une terre d'immigration et embrasserait son « métissage généralisé » qui, d'après Hervé Le Bras, est déjà un fait accompli en France[2]. Ce scénario consacrerait aussi le triomphe de l'universalisme humaniste. L'Allemagne, à l'automne 2015, vient à l'esprit. En ouvrant leurs bras aux migrants, prêts à partager leur pays, des Allemands ont alors vécu le bonheur collectif d'agir en parfaite conformité avec leurs principes moraux, une épiphanie joyeuse de l'« éthique de conviction[3] ». Le père de ce concept, Max Weber, comparait cette harmonie intime à celle du chrétien accomplissant son devoir, en ajoutant : « En ce qui concerne le résultat de l'action, le croyant s'en remet à Dieu. » C'est ce que font aussi les humanitaires en Méditerranée. Ils repêchent des migrants qui ne demandent qu'à « vivre décemment », quitte à mettre leurs vies en jeu en guise de chantage. Les ONG font preuve de compassion en les déposant sur les côtes italiennes, en lieu sûr. Cependant, que pourraient-elles répondre au chroniqueur qui leur reproche de collecter des fonds pour « sauver » des migrants mais de s'arrêter à mi-chemin de la charité, « sans trouver et financer emplois, logements et éducation pour ces malheureux qu'elles ont contribué à faire venir en Europe[4] » ?

L'éthique de responsabilité, selon Weber « l'attitude politique par excellence », oblige à assumer ses actes, au-delà du narcissisme moral, dans toutes leurs conséquences prévisibles. Vue sous ce jour, l'« Eurafrique » signifiera la fin de la sécurité sociale en Europe, qui est fondée sur un contrat de solidarité intergénérationnelle. L'État-providence sans frontières est une contradiction dans les termes, à l'instar d'une « famille universelle ». Par ailleurs, une chose est d'inviter au « partage » des richesses, si l'on en a le cœur ; c'en est une autre de partager la capacité d'une société à *créer* des richesses – si c'était facile, l'aide au développement ne serait pas l'échec qu'elle est, et les migrants ne fuiraient pas leur pays. L'État social ne s'accommode pas de portes ouvertes, d'où l'absence historique d'une sécurité sociale digne de ce nom aux États-Unis, pays modèle d'immigration. Donc, il ne subsistera en Europe que l'État de droit, le vieux Léviathan de Hobbes. Il aura alors fort à faire pour empêcher « la guerre de tous contre tous » dans une société sans un minimum de codes communs pour accumuler le *bonding capital* cher à Robert Putnam. Il se pourrait même que l'on finisse par regretter les frontières terrestres, les barrières visibles et le contrôle des papiers d'identité. Car la lancinante question « qui est qui ? » ne disparaîtra pas avec eux. Elle sera intériorisée. Dans l'« Eurafrique », à chaque contact avec autrui, des sentinelles intérieures crieront « Halte-là, qui vive ? ». Ce travail incessant de patrouille frontalière obligera tout un chacun à justifier de son identité et conférera une prime – pour des raisons de facilité – aux marqueurs physiques. Le faciès, la couleur de la peau, les tatouages et la biométrie prendront d'autant plus aisément la relève des scarifications tribales. La démocratie libérale, fondée sur des opinions et des majorités *changeantes*, sera vidée de son sens délibératif par des convictions *naturelles,* inscrites dans le corps – ce que l'on appelle aux États-Unis, précurseurs en la matière, *identity politics*. Ils partagent avec le colonialisme – la grande rencontre avec l'autre dans l'inégalité – l'obsession des « scènes et types ».

Le deuxième scénario – l'« Europe forteresse » – nous est déjà familier et semble annoncer une bataille perdue d'avance, en plus d'une cause honteuse. Mais, à la réflexion, ce cas de figure a ses raisons et ses chances d'aboutir. Pour commencer, il réduirait l'écart béant entre, d'une part, le cadre légal et les principes moraux qui le sous-tendent et, d'autre part, la réalité des migrations modernes. Que le nombre des demandeurs d'asile en Europe ait atteint un sommet en 1992, avec 670 000 requêtes, s'explique par la crise dans l'ex-Yougoslavie. Mais le monde est-il devenu tellement plus dangereux depuis la fin de la guerre froide, y compris dans de nouvelles démocraties au sud du Sahara, telles que le Sénégal, la Côte d'Ivoire, le Ghana ou le Nigeria, pour expliquer que les demandes d'asile soient passées, depuis 1983, de 80 000 à 1,2 million en 2016 ? La même année, 80 % des demandeurs étaient âgés de moins de trente-cinq ans, et près de 70 % d'entre eux étaient des hommes. Ce n'est pas la démographie des canots de sauvetage... Aussi, toujours en 2016 et selon Eurostat, un peu plus de 80 % des demandes d'asile dans l'UE ont été rejetées. Mais ce n'est ni une solution – compte tenu de l'impossibilité de rapatrier des centaines de milliers de personnes dans des pays qui, parfois, refusent de les réadmettre – ni justice. Car la reconnaissance du droit d'asile en Europe tourne au jeu de hasard : si la Bulgarie a débouté 35 % des demandes en 2016, la Grande-Bretagne en a rejeté 48 %, la France 85 %, l'Allemagne 91 %, et le Portugal, la Croatie, l'Estonie et la Lituanie en ont refusé la totalité, 100 % ! C'est le règne de l'arbitraire au royaume de l'hypocrisie. Ceux qui demandent protection sont sommairement éconduits par la petite porte des palais de justice européens parce que la sécurisation des frontières est désapprouvée par une opinion publique – ou, du moins, par une majorité des opinions publiées dans la presse – qui se soucie davantage de la flamme de son humanisme personnel que des conséquences pour la collectivité. L'évident abus du droit d'asile est minimisé en se mettant « à la place de ces pauvres gens ». Ainsi, en défendant son droit de garder ses frontières, l'« Europe forteresse » défendrait aussi le droit d'asile, à moins qu'il ne se confonde avec une invite à la « triche ». Celle-ci servira toujours, et tant mieux, d'ultime recours poliorcétique aux migrants cherchant désespérément à entrer dans le bastion de la protection sociale. Mais avec les proportions d'abus actuelles, l'on demande aux Européens d'accueillir comme concitoyens un nombre trop important de candidats qui viennent d'abandonner leurs anciens concitoyens dans l'épreuve pour faire acte d'adhésion à une nouvelle communauté en se jouant de ses règles.

Sur le plan pratique, l'« Europe forteresse » est peut-être aussi moins indéfendable qu'il n'y paraît. L'opinion publique et, avec elle, les leaders politiques, se retournent facilement quand leurs élans de générosité finissent par heurter leurs intérêts. À nouveau, l'Allemagne vient à l'esprit, mais aussi l'Italie, placée en première ligne. Depuis sa prise de fonction en décembre 2016, le ministre italien de l'Intérieur, Marco Minniti, un ancien communiste, a limité le périmètre d'action des ONG en Méditerranée, il a équipé la garde-côte libyenne, ou ce qui en tient lieu, envoyé sur place la marine italienne et engagé le « dialogue » – des échanges – avec les seigneurs de la guerre dans l'ancien pays de Kadhafi, en l'absence d'un gouvernement légitime capable de faire respecter ses décisions sur tout le territoire national[5]. Soudain, l'été 2017, le flot des migrants venant de Libye a aussi brusquement baissé que les 6 milliards d'euros octroyés à la Turquie ont colmaté le flanc sud-est de l'Europe. Si l'on y ajoute l'action, encore plus souterraine, des services secrets européens, le Vieux Continent semble moins édenté que sa caricature sénile. Avec le tacite – lâche ? – consentement d'une opinion publique, trop contente de voir l'afflux tarir pour chercher à en connaître les raisons, l'Europe ne manque pas de moyens pour sécuriser ses frontières – après tout, elle est riche et fait face à des démunis. Cependant, au regard de la levée en masse prédite dans ce livre, toute tentative purement sécuritaire est promise à l'échec.

Va voir de l'autre côté !

Un troisième scénario – la « dérive mafieuse » – puise à deux sources : la naïveté avec laquelle les réseaux transnationaux de passeurs sont exonérés de ce qui, dans bien des cas, s'assimile à une traite migratoire et le risque de voir les trafiquants d'Africains faire jonction ou se livrer une guerre avec le crime organisé en Europe. Pour la traite migratoire, elle émerge en toutes lettres d'enquêtes en profondeur – rares – comme celle de Ben Traub publiée le 10 avril 2017 dans *The New Yorker.* On y lit : « Plus de onze mille femmes nigérianes ont été secourues en Méditerranée l'année dernière, selon l'Office pour les migrations internationales (OMI). Quatre-vingt pour cent d'entre elles faisaient l'objet d'un trafic à des fins d'exploitation sexuelle. "Il y a maintenant des filles qui n'ont que treize, quatorze ou quinze ans", m'a dit un agent anti-trafic de l'OMI. "L'Italie n'est que le point d'entrée. De là, elles sont dispatchées et vendues à des mères maquerelles partout en Europe[6]. » L'imbrication entre le proxénétisme et les « passeurs », trop souvent représentés comme des mains secourables faisant commerce de solidarité, n'est que la partie visible d'une division du travail criminel bien plus importante. Elle pourrait se retourner contre les passeurs et, surtout, les migrants africains, si la pègre européenne devait un jour se mettre au service d'une extrême droite militante qui, tenue en échec sur le plan électoral, abandonnerait sa marche à travers les institutions démocratiques. Comme au moment de la décolonisation en Afrique du Nord, on pourrait alors voir apparaître des organisations terroristes, telles que La Main rouge, se livrant à des actes de sabotage, des assassinats ciblés ou des attentats aveugles. Des partisans extrémistes de la « défense » de l'Europe seraient susceptibles de gonfler leurs rangs.

Pareillement marginal, un quatrième scénario – le « retour au protectorat » – n'est pas non plus à exclure. Face à un raz de marée migratoire perçu comme une menace existentielle, l'Europe pourrait retrouver de vieux réflexes pour « couper le mal à sa source ». Cette défense avancée pourrait prendre deux formes, à en juger par ses prémices, pour l'instant encore timides. En divisant pour régner, l'Europe pourrait pactiser avec des régimes africains prêts à l'aider à endiguer l'afflux, en échange de contreparties. C'est déjà le cas sur l'autre rive de la Méditerranée, du Maroc à la Libye. Mais cette stratégie perce également sous des termes d'apparence aussi anodins que « la gestion partagée des flux migratoires ». En échange de visas de libre circulation en Europe pour ses hommes d'affaires, artistes et membres de l'élite au pouvoir, en échange aussi d'une aide au développement sans droit de regard sur son usage, des pays « coopératifs » deviendraient des protectorats de l'Europe dans un double sens : ses régimes seraient à l'abri d'ingérences extérieures dérangeantes en même temps que leur souveraineté serait amputée autant que nécessaire à la défense de l'Europe. Au-delà, libre à chacun de se demander dans quelle mesure le désenchantement populaire, qui s'est accumulé en Afrique depuis les indépendances, pourrait être mobilisé dans ce cadre et donner lieu à des « reprises en main » ouvertement néo-coloniales.

Un cinquième et dernier scénario – une « politique de bric et de broc » – est peut-être décevant dans l'absolu mais d'autant plus compatible avec le fonctionnement, à hue et à dia, des démocraties modernes. Il consisterait à combiner toutes les options qui précèdent, sans jamais aller jusqu'au bout, « à faire un peu de tout cela, mais sans excès ». On aurait tort d'écarter cette hypothèse, comme on aurait tort de s'arrêter à la « mollesse » apparente des pouvoirs élus. L'Espagne peut servir d'exemple. Dans ce pays, lui-même une ancienne terre d'émigration qui a connu un *baby-boom* dans les années 1960 et 1970, avant de voir sa fécondité plonger, il y avait 0,9 % d'immigrés en 1990. Vingt ans plus tard, 14 % de la population, selon Eurostat – 12 %, selon le gouvernement espagnol – étaient nés à l'étranger, dont quelque 800 000 Marocains. Pour autant, dans un pays où, historiquement, « *no hay moros en la costa* » – « il n'y a pas de Maures aux abords de nos côtes » – est le synonyme proverbial pour dire l'absence de menaces, il n'y a pas eu de flambée de xénophobie au profit d'un parti extrémiste. L'Espagne a fait face, quitte à esquiver et louvoyer parfois. Elle a négocié des compromis, notamment à travers le plan Greco, mis en œuvre à partir de 2001, mais aussi en améliorant sa coopération avec le Maroc, la Mauritanie et le Sénégal. Les mesures adoptées, « aidées » par la crise économique, ont produit des effets. En 2015, sans que les médias y prêtent beaucoup d'attention, le pays européen le plus proche de l'Afrique n'a enregistré que 13 000 demandes d'asile – sur un total de 1,3 million pour toute l'Europe. En 2016, le pourcentage des étrangers sur son sol est repassé sous la barre des 10 %. Bien entendu, il pourra remonter de nouveau. Mais, sur le fond, une gestion « souple » des flux migratoires engage un pari sur l'avènement d'une *vraie* prospérité en Afrique, semblable à celle qui fait désormais repartir dans leur pays d'origine des Mexicains des États-Unis. Après tout, il suffira de « tenir », tant bien que mal, pendant deux ou trois générations. Sera-ce possible en cas de ruée vers l'Europe ?

Il y a longtemps, en arrivant à Berlin pour y suivre des études, je me trouvais pris au piège que deux générations d'Allemands s'y tendaient mutuellement, mes amis à l'université et leurs parents. Ces derniers déboutaient toute revendication de changement radical d'un rituel : « Si ça ne te plaît pas ici, tu n'as qu'à aller voir de l'autre côté ! », sous-entendu : de l'autre côté du Mur, dans la République démocratique allemande (RDA) qui faisait alors partie de l'orbite communiste. En plus du Mur, elle avait besoin d'un *Todesstreifen* pour retenir sa population – un « couloir de la mort », une bande de terre minée entre deux grillages et surveillée depuis des miradors. Bien entendu, quels que fussent les désaccords entre jeunes et moins jeunes Allemands, personne de ma connaissance ne s'est jamais installé de son plein gré « de l'autre côté ». C'est tout l'inverse de l'Afrique de nos jours. Elle est cernée d'obstacles – les grillages à Ceuta et Melilla, un *limes* d'États policiers, la Méditerranée, un mur d'argent... – que les Européens dressent pour empêcher ses habitants de quitter leur continent et de venir chez eux. Et les aînés encouragent souvent leurs cadets à tenter l'aventure. « Va voir de l'autre côté ! » Les jeunes Africains y vont, coûte que coûte, bien qu'ils n'aient qu'une très vague idée de la vie qui les attend au-delà des barrières. Ils se sentent enfermés et fuient pour se libérer. Ils se trompent de sens. Au cours de la rédaction de ce livre, il m'est souvent arrivé de songer à une Afrique qui bénéficierait de toute cette énergie actuellement mobilisée pour lui tourner le dos. À quoi ressemblerait-elle ?

Notes

Introduction : *Du haut des pyramides des âges...*

1. Collier (2015), p. 129 ; je cite l'édition américaine, titrée *Exodus : How Migration is Changing Our World* ; l'intitulé de l'édition britannique, révélateur du contexte différent, est *Exodus : Immigration and Multiculturalism in the 21st Century.*

2. Baldwin (1962).

3. À Smethwick, une ville d'environ 15 000 habitants, 2,8 % de la population étaient nés en dehors du Royaume-Uni en 1951. En 2011, 30,9 % de ses habitants, d'une centaine de nationalités, s'auto-identifiaient comme des « non-Blancs » et 13,5 % des foyers ne comptaient pas un seul membre ayant l'anglais comme « langue principale » d'usage. Cf. *The Guardian* du 15 octobre 2014 (« Britain's most racist election : the story of Smethwick, 50 years on ») et du 18 mars 2017 (« On the brink of Brexit, voters reflect : "I feel more strongly now. Let's get out" »), ainsi que l'*International Business Times* du 20 décembre 2013 (« Smethwick : What happened to the English town that once tried to ban non-Whites from buying homes ? »).

4. French (2008), p. 66.

5. Naipaul (1983), p. 46 et 77.

6. La Convention de 1951 relative au statut des réfugiés visait des dissidents politiques fuyant le bloc des pays communistes d'Europe de l'Est. D'abord instrument de la guerre froide, elle a ensuite été modifiée, en 1967, quand ses restrictions géographiques et temporelles ont été abolies. Depuis, elle s'est vidée de son sens dans la mesure où, aujourd'hui, seuls 2 % des réfugiés dans le monde bénéficient de l'une des trois solutions permanentes à leur condition précaire : le retour dans leur pays d'origine, redevenu sûr ; l'intégration dans leur pays de refuge ou l'installation dans un pays d'accueil (cf. Betts et Collier, 2017). Par ailleurs, on peut s'interroger sur la pertinence de distinguer entre migrants économiques et demandeurs d'asile au regard du taux de rejet des demandes de protection statutaire : en 2016, selon Eurostat, ce taux était légèrement supérieur à 80 % pour l'UE dans son ensemble. Une chose est donc de dire que l'Allemagne a accueilli en 2015 près de un million de demandeurs d'asile et une tout autre de constater qu'en 2016, elle en a rejeté 91 %.

7. Ferenzci (1938), p. 230.

8. Collier (2015), p. 50 ; pendant la même période, le nombre des migrants Sud-Sud est passé de 60 à 80 millions pendant la même période.

9. Les livres *Africa Rising : How 900 Million African Consumers Think,* publié en 2008 par Vijay Mahajan, et *Emerging Africa : How 17 Countries Are Leading the Way,* publié en 2010 par Steven Radelet, ont donné le ton à une redécouverte médiatique de l'Afrique, présentée comme la « nouvelle frontière » de la croissance mondiale.

10. Cf. Millman (2015) et Douthat (2015); selon les projections de l'ONU (United Nations Population Division, 2000, p. 90), l'arrivée de 80 millions d'immigrés sur cinquante ans aboutirait à une

population immigrée, de première ou de deuxième génération, de 26 % au sein de l'UE.

11. Il y a des écarts significatifs entre différentes régions en Afrique. L'Afrique du Nord, qui achève sa transition démographique, ne compte que 32 % de moins de 15 ans et l'Afrique australe, la partie du continent la plus touchée par le sida, seulement 30 %. L'Afrique de l'Ouest (43 % de moins de 15 ans) et l'Afrique centrale (46 %) sont les parties les plus jeunes du continent. Ce sont donc elles – une quarantaine de pays au sud du Sahara – qui expliquent la moyenne continentale de 41 % et se situent au cœur de mon raisonnement.

12. Marc Sommers (2010, p. 321) attribue la paternité du terme *youth bulge* au démographe Gary Fuller, qui l'aurait inventé dans une étude commanditée par la CIA. Fréquemment, le sociologue allemand Gunnar Heinsohn, qui enseigne à l'université de Brême, est cité comme le père putatif de l'expression. Quoi qu'il en soit, le terme témoigne de la crainte qu'une masse de jeunes hommes, supposés violents, puisse faire « éclater » la base très élargie de la pyramide des âges. Techniquement, l'on parle de *youth bulge* quand la classe d'âge des 15 à 29 ans représente plus de 40 % du total des adultes entre 18 et 64 ans.

13. Bayart (2010, p. 133) identifie, malgré « la diversité de l'Afrique sur laquelle on n'insistera jamais assez », deux caractéristiques de l'Afrique subsaharienne s'inscrivant dans la longue durée : « d'une part, une logique d'extraversion ; de l'autre, une logique de rente de la dépendance, qui se construit politiquement dans le contrôle (ou la tentative de contrôle) du rapport à l'environnement extérieur en l'absence d'une surexploitation de la force de travail et d'un régime juridique de propriété privée, notamment de la terre (...) ».

14. Je dois ces chiffres à mon collègue et ami de l'université de Duke, l'anthropologue Charles Piot, qui s'apprête à publier un livre sur la « loterie de la diversité » et son impact en Afrique, à travers l'exemple du Togo.

15. Cité par Pascal Airault dans *L'Opinon* du 15 décembre 2016 (« Les migrations africaines vers l'Europe ont toutes les raisons de croître »).

16. *Le Monde* du 16 janvier 2017 (« Migrations africaines, le défi de demain »).

17. FMI (2016), p. 2.

18. United Nations Population Division (2000).

19. Voir *Le Monde* du 8 septembre 2017 (« Migrants : l'échec moral de l'Union européenne »).

20. Cf. Laqueur (2007), p. 14-15.

21. Bawer (2002). En 2006, Bawer enfonçait le clou dans *While Europe Slept : How Radical Islam is Destroying the West from Within.*

22. Je prends l'exemple de la SAIS, où j'ai enseigné de 2007 à 2013, parce que son programme Afrique est résolument tourné vers la prise en compte du réel, du fait des échanges constants avec les décideurs dans la capitale américaine. A priori, on pouvait donc s'attendre à ce que son inventaire de « ce qu'il faut avoir lu » sur l'Afrique accorde plus d'importance à la démographie que d'autres universités.

23. Interview de Moussa Mara dans *L'Opinion* du 28 juin 2015.

24. Malan (2012), p. 128.

25. Cf. Simon Allison (2014). L'Afrique n'a pas le monopole des statistiques fragiles, même si la collecte des données y est particulièrement problématique. Ainsi, le nombre des étudiants non européens, qui seraient restés en Grande-Bretagne

au-delà de la validité de leur visa, avait-il été chiffré à environ 100 000 avant le Brexit. Un an après le Brexit, le 24 août 2017, le ministère britannique de l'Intérieur a révisé ce chiffre à la baisse : seul 4 600 étudiants seraient finalement restés illégalement, soit vingt fois moins (*Le Monde* du 29 août 2017).

26. L'enquête de Morten Jerven (2013) – essentiellement en Afrique anglophone – ne se borne pas à déplorer l'« incurie africaine ». Elle met en évidence comment les politiques d'ajustement structurel prescrites par les institutions de Bretton Woods se sont conjuguées avec des facteurs internes pour détériorer la qualité des statistiques depuis les années 1980. Elle met aussi en relief la connivence entre des États africains et leurs bailleurs de fonds qui s'entendent pour valider une fiction chiffrée faisant « tourner » l'industrie du développement.

27. Sur la définition – controversée – de la classe moyenne en Afrique, voir Melber (2016) ou le n° 28 de la revue *Africa in Fact, Making up the Middle*, novembre 2014.

Chapitre 1 : *La loi des grands nombres*

1. Rita Headrick (1994), historienne des services de santé dans l'Afrique-Équatoriale française (AEF), estime que « seuls 2 % des Africains ont bénéficié de soins de santé, sous une forme ou une autre, entre 1880 et 1935 ». Mais elle indique aussi que des services de santé fonctionnaient dans toutes les colonies à partir de 1910. Chasteland et Chesnais (2006) mettent en exergue le moment de bascule et la synergie avec la mise en place d'infrastructures : « Dès l'entre-deux-guerres, la révolution sanitaire s'est mondialisée, et plus elle est tardive, plus son essor est rapide : les bénéfices des découvertes médicales et des innovations socio-économiques se télescopent. Dès lors, on atteint dans les pays

en développement qui ne connaissent pas encore de baisse de la fécondité un rythme de croissance démographique pouvant aller jusqu'à 3 %, voire 4 % par an. » C'est le cas, notamment, dans l'Afrique subsaharienne.

2. Knight (1996), p. 817.

3. Brunel (2014), emplacement 1236.

4. Coquery-Vidrovitch (1985), p. 46-64.

5. Hochschild (1998), p. 273 et 328-9 ; le sous-titre de la première édition française – *Un holocauste oublié* – a renforcé la charge accusatrice de ce livre ; à la suite des critiques de plusieurs historiens, il a été changé par l'éditeur pour les rééditions en le rapprochant de l'original américain (*A Story of Greed : Terror and Heroism in Colonial Africa)*.

6. Au sujet du lien entre révolution industrielle, démographie et expansionnisme, Chasteland et Chesnais (2006) relèvent : « De 1750 à 1900, la croissance démographique des îles Britanniques entraîne la multiplication de leur population par six, ainsi qu'un essaimage sur tous les continents (à l'exception de l'Europe) ; elle donne naissance aux États-Unis. »

7. La densité de population en Europe – sans la vaste Russie – est de l'ordre d'une centaine d'habitants par kilomètre carré, une moyenne qui – comme en Afrique – masque de très importantes disparités, de l'Espagne (86) au Royaume-Uni (247) en passant par la France (112) et l'Allemagne (231). La densité moyenne pour l'Asie est de 87 habitants par kilomètre carré, celles de la Chine et de l'Inde, respectivement, de 150 et 390.

8. Cité dans Cooper (2002), p. 76.

9. Null (2011), qui fonde son calcul sur le scénario médian des projections des Nations unies. Ce

scénario prédit une population subsaharienne de 3,36 milliards pour 2100. Les variantes haute et basse de l'ONU anticipent, respectivement, 4,85 et 2,25 milliards de Subsahariens.

10. Ismail (2009).

11. Packer (2006).

12. Des projets comme Eko Atlantic, révélateurs d'un « urbanisme d'ersatz », prolifèrent d'un bout à l'autre du continent, du New Cairo City à Waterfall City, entre Johannesburg et Pretoria, en passant par Hope City, un chantier de 10 milliards de dollars au Ghana, Kakungulu Satellite City aux abords de Kampala, en Ouganda, Malili Ranch près de Nairobi, qui se veut la future Silicon Savannah du Kenya ou, enfin, Kilamba City, l'inabordable ville satellite construite par des entreprises chinoises près de Luanda, la capitale angolaise et, déjà, la ville la plus chère du monde. Vues des quartiers insalubres, toutes ces oasis de prospérité ressemblent à la ville coloniale décrite par Frantz Fanon dans *Les Damnés de la Terre* (p. 8). Il suffit d'y remplacer « colons » et « colonisés » par « riches » et « pauvres ». Ce qui donne : « La zone habitée par les pauvres n'est pas complémentaire de la zone habitée par les riches. Ces deux zones s'opposent, mais non au service d'une unité supérieure. Régies par une logique purement aristotélicienne, elles obéissent au principe d'exclusion réciproque. (...) Le regard que le pauvre jette sur la ville du riche est un regard de luxure, un regard d'envie. Rêves de possession. Tous les modes de possession : s'asseoir à la table du colon, coucher dans le lit du colon, avec sa femme si possible. »

13. Tabutin (2007), p. 261.

14. Voir l'article de Simon Leplâtre (« En Chine, pas de réveil démographique ») dans *Le Monde* du 4 janvier 2017 et la tribune d'Isabelle Attané du

26 novembre 2013 (« En Chine, l'enfant unique… le restera. Pékin devra adopter une vraie politique nataliste ») également dans *Le Monde* ; ainsi que *Little Emperors,* de Sheng Yun, dans *The London Review of Books* du 19 mai 2016 ; bien que tous les couples chinois soient désormais autorisés à avoir deux enfants, les naissances ont seulement progressé, de 2015 à 2016, d'à peine 6 %.

15. Sullivan (2003).

16. Michaïlof (2015), p. 43 et 57.

17. Interview dans *Le Monde* du 15 décembre 2007 (« Afrique, le grand rattrapage démographique »).

18. Dans le magazine *Time* du 13 mars 1964, dans lequel sont rapportés ses propos, Julius Nyerere dit précisément au sujet de la pression des attentes populaires : « *Unless I can meet at least some of these asprirations, my head will roll just as surely as the tickbird follows the rhino.* »

Chapitre 2 : *L'île-continent de Peter Pan*

1. L'article était publié, en février 1994, dans *The Atlantic,* un mensuel américain à grand tirage (près de 500 000 exemplaires). Son sous-titre résumait sa thèse : « Comment des pénuries, la surpopulation, le tribalisme et des maladies vont détruire le tissu social de notre planète. »

2. Sommers (2015), emplacement 1018-1023.

3. Brunel (2014), p. 192.

4. *Ibid*, p. 169.

5. Olopade (2014), p. 167.

6. Godwin (2006), p. 58.

7. *Ibid.* ; pour qui se demanderait pourquoi l'Afrique du Sud n'a pas pris une position de principe plus ferme dans la crise zimbabwéenne, voici les

données pour l'ex-pays de l'apartheid, où « la question de la terre » ne tardera pas à se poser : 87 % des terres appartenant à des privés y sont toujours aux mains de « Blancs », qui représentent environ 10 % de la population ; entre 50 000 et 60 000 exploitations agricoles modernes, dont les propriétaires sont des « Blancs », monopolisent 72 % des terres agricoles ; l'objectif post-apartheid, qui visait à transférer par rachat 30 % des terres à la majorité « noire » entre 1994 et 2015, n'a été atteint qu'à hauteur de 3 % ; au rythme actuel, ce but ne serait atteint que dans un siècle environ ; encore faudrait-il que le gouvernement y consacre davantage que les 0,4 % actuel de son budget.

8. Lydia Polgreen (« In Zimbabwe Land Takeover, a Golden Lining »), dans *The New York Times* du 20 juillet 2012 ; Tony Hawkins (« Counting the Cost of Zimbabwean Land Reform »), 1er novembre 2012, http://www.politicsweb.co.za/news-and-analysis/counting-the-cost-of-zimbabwean-land-reform

9. Philippe Ariès (1960).

10. *L'Union des jeunes de Thiès : une composante méconnue de l'éveil politique,* dans D'Almeida-Topor *et al.* (1992), p. 46.

11. Marshall (2009), en particulier les chapitres 2 (« Rupture, Redemption, and the History of the Present ») et 5 (« Born-Again Ethics and the Spirits of the Political Economy »).

12. Gifford (1998), p. 88 et 89 ; voir aussi Spinks (2002), p. 195.

13. Argenti (2002), p. 141.

14. Last (2005), p. 37-54.

15. Elizabeth Leahy, avec Robert Engelman, Carolyn Gibb Vogel, Sarah Haddock et Tod Preston (2007), *The Shape of Things to Come : Why Age Structure*

Matters to a Safer, More Equitable World ; Jack Goldstone, Eric Kaufmann et Monica Duffy Toft (2011), *Political Demography : How Population Changes Are Reshaping International Security and National Politics.*

16. Collier (2009), p. 132.

17. Tilly (2007), p. 13-15.

18. Jacques Chirac, qui était alors Premier ministre, répondait, sur Europe 1, à la question de Catherine Nay lui demandant si ce n'était « pas un peu raciste de dénier aux Africains le droit d'avoir plusieurs partis comme n'importe quel citoyen du monde ». Se voyant reprocher d'avoir jugé l'Afrique pas mûre « pour la démocratie », il s'en est défendu dans une interview à *Jeune Afrique :* « Je n'ai pas dit cela. Je crois simplement que le multipartisme n'est qu'un élément de la démocratie. Il n'est pas toute la démocratie. Surtout, il ne doit pas être le prétexte pour favoriser le retour des rassemblements ethniques. »

Chapitre 3 : *L'Afrique émergente*

1. Dans son livre *Global Shadows : Africa in the Neo-Liberal World Order* (2006), James Ferguson pourfend l'« exceptionnalisme » de l'Afrique comme un lieu à part qu'il faudrait appréhender en fonction de ses propres critères et plaide pour une vision du continent comme « *a place in the world* », au même titre que d'autres.

2. *Orientalism,* l'ouvrage d'Edward Saïd sur la construction de l'Orient dans le regard occidental, a paru en 1978 ; sa traduction française, publiée deux ans plus tard, ajoute un sous-titre explicite : *L'Orient créé par l'Occident*. En 1988, Valentin Mudimbé a appliqué la même thèse à l'Afrique, dans *The Invention of Africa – Gnosis, Philosophy and the Order of Knowledge.*

3. Argenti (2002), p. 126.

4. Cf. le rapport 136 de l'International Crisis Group (ICG) du 13 décembre 2007 : *La République centrafricaine. Anatomie d'un État fantôme.*

5. Hardin (2011).

6. Smith (2015), p. 110-112.

7. Olopade (2014), p. 130.

8. Tod Moss et Stephanie Majerowicz, du Center for Global Development, blog du 3 février 2012 : *The Generation Chasm : Do Young Populations Have Elderly Leaders ?* https://www.cgdev.org/blog/generation-chasm-do-young-populations-have-elderly-leaders

9. Michaïlof (2015), p. 24.

10. Olopade (2014), p. 143.

11. *Luxurious Hearses* est l'une des cinq nouvelles rassemblées dans *Say You're One of Them* (Akpan, 2008), qui a remporté en 2009 le *Commonwealth Writers Prize* et le *Beyond Margins Award.*

12. Carey (2006), p. 107.

13. En anglais : « *Even my father, I will give him a bullet.* »

14. Leonardi (2007), p. 411.

15. McGovern (2011), p. 124-127 et le chapitre 3 (« The Politics of Ressentiment »), p. 67-101.

16. Méphistophélès dans *Faust,* de Goethe (traduit par Nerval).

17. Césaire (1935).

18. « *The child is father of the man* » se trouve dans le poème *My Heart Leaps Up,* de William Wordsworth (1770-1850).

Chapitre 4 : ***Un départ en cascade***

1. Paul Collier (2015), p. 50.
2. https://www.wider.unu.edu/publication/global-distribution-household-wealth
3. Dans un entretien publié par *Le Point* le 11 mai 2017, Peter Sloterdijk explique : « Le populisme de gauche et de droite, qui sévit en France et dans le reste de l'Europe, est l'expression d'un ressentiment devant la perte d'un certain nombre de privilèges, qui ont été ceux de l'Européen des classes populaires depuis les années 1950. On profitait d'une sorte de "rente de civilisation" qui faisait que, quand on naissait en France ou en Allemagne, on avait des avantages considérables sur un compétiteur né en Inde ou en Chine. À l'époque, des ouvriers peu qualifiés pouvaient se permettre une maison, une voiture, une famille. On pourrait dire, à un moment précaire et intenable de l'évolution économique, qu'on se faisait payer pour le simple fait d'être français ou allemand. Comme le maître de Figaro chez Beaumarchais, on ne s'est longtemps donné que la peine de naître... au bon endroit ! Avec le progrès de la mondialisation, la rente européenne se dissout. »
4. Brunel (2014), emplacement 969.
5. Cf. Collier (2015), p. 91.
6. Harding (2000), https://www.lrb.co.uk/v22/n03/jeremy-harding/the-uninvited ; et, pour la citation suivante : Harding (2012), emplacement 2459-2461.
7. Severino et Ray (2010), emplacement 3778.
8. Voir Laurence Caramel dans *Le Monde* du 30 juillet 2017 (« Un milliard de citadins dans vingt ans : l'Afrique est-elle prête ? »).
9. Chasteland et Chesnais (2006), p. 1015.

10. Cependant, les voyageurs, leurs mobiles et leurs destinations varient grandement. Ainsi, par exemple, les Bwas dans le sud-est du Mali migrent-ils fréquemment à l'intérieur du Mali ou dans les pays voisins mais pas vers l'Europe. En 2010, parmi les moins de 20 ans, trois garçons sur quatre et presque toutes les filles avaient passé une période de leur vie en dehors de leur fief ethnique. L'une de leurs principales motivations était de mieux apprendre le bambara, la langue nationale. Voir Hertrich et Lesclingand (2013).

11. Beucher (2009), p. 100.

12. Cf. https://africacheck.org/reports/how-many-zimbabweans-live-in-south-africa-the-numbers-are-unreliable/

13. Olopade (2014), p. 22.

14. Bayart (2010), p. 138-139.

15. Schmitz (2008), p. 8.

16. Durkheim a forgé ce concept, en 1893, dans *De la division du travail sociale* avant de le développer davantage, quatre ans plus tard, dans son ouvrage sur *Le Suicide*.

17. IOM, 2014, p. 12.

18. Voir Jérôme Tubiana, *LRB* du 15 juin 2017, p. 14 (*Short Cuts*).

19. http://data.worldbank.org/indicator/SH.STA.MMRT ; dans l'Afrique subsharienne dans son ensemble, le risque de mourir en couches était en 2015 de 0,99 %.

20. Brunel (2014), emplacement 2420.

21. Voir la carte interactive dans le *New York Times* du 14 juin 2017 et l'article de Stuart A. Thompson et Anjali Singhvi, « Efforts to Rescue Migrants Caused Deadly, Unexpected Consequences », https://www.

nytimes.com/interactive/2017/06/14/world/europe/migrant-rescue-efforts-deadly.html

22. Voir Jason Horowitz, dans le *New York Times* du 21 juillet 2017, « For Right-Wing Italian Youth, A Mission to Disrupt Migration » ; en 2014, la proportion des migrants secourus en Méditerranée avait même atteint 78 % ; en revanche, en 2015, elle était seulement de 15 % puisque le gros des migrants – les Syriens, Irakiens et Afghans traversant depuis la Turquie – n'embarquaient que sur des bateaux capables de les emmener en Italie.

Chapitre 5 : *L'Europe, entre destination et destin*

1. Bien qu'elle se situe à un niveau bien plus bas qu'en Europe, la pression migratoire africaine sur les États-Unis augmente également dans des proportions qui commencent à être relevées. Le *New York Times* du 1er septembre 2014 (« Influx of African Immigrants Shifting National and New York Demographics ») rapportait ainsi que 10 % des habitants du Bronx étaient des Africains dont le nombre d'immigrés au niveau national avait crû de 39 % entre 2000 et 2011, ajoutant : « Pendant cette seule décennie, selon les estimations les plus fiables, plus de Noirs africains sont arrivés dans ce pays de leur propre volonté que n'en ont été déportés aux États-Unis pendant trois siècles de traite négrière », soit environ 400 000 Africains. Selon une étude du 14 février 2017 du Pew Research Center, le nombre d'Africains aux États-Unis est passé d'environ 80 000 en 1970 à 881 000 en 2000 et à 2,1 millions en 2015. Entre 2000 et 2013, les Africains ont été la catégorie d'immigrés affichant le plus fort taux de progression (41 %). En 2016, ils représentaient 37 % des demandeurs d'asile.
2. Selon l'étude de l'ONU déjà citée (UN Population Division 2000, p. 90), il faudrait faire venir 79,4 millions d'immigrés en quarante-cinq ans

pour maintenir la population active en Europe au niveau qui était le sien en 1995. Dans ce scénario, 25,7 % des habitants d'Europe seraient des immigrés de première ou de seconde génération en 2050. Cf. United Nations Population Division (2000), p. 90.

3. Cf. http://www.lemonde.fr/idees/article/2016/01/31/cologne-lieu-de-fantasmes_4856694_3232.html

4. Olopade (2014), p. 83.

5. Paru dès 1975, *The Camp of The Saints* est une source de référence constante de Stephen Bannon, l'ancien « conseilleur stratégique » de Donald Trump à la Maison-Blanche et maître à penser de la « droite alternative » – *alt-right* – américaine.

6. Le *Washington Post* a ainsi relevé, en 2015, la forte participation d'immigrés aux manifestations hostiles à l'accueil d'un million de migrants en Allemagne. Voir https://www.washingtonpost.com/news/worldviews/wp/2016/02/27/why-many-migrants-in-germany-are-opposed-to-the-refugee-influx/?utm_term=.85acab89cba1

7. *International New York Times* du 28 février 2014 (« Migrants besiege gateway to Europe »).

8. Harding (2012), emplacement 1189-1192.

9. Interview dans *Le Monde* du 15 septembre 2017 ; dans le même journal, daté du 23 septembre 2017, l'émissaire spécial du HCR en Libye, Vincent Cochetel, déclarait : « Il faut que les États européens arrêtent de se bercer d'illusions sur les possibilités actuelles de travailler avec ce pays. Notre rôle à nous, agence de l'ONU, y reste malheureusement très limité. Même lorsque nous sommes présents dans les prisons officielles, où entre 7000 et 9000 migrants et demandeurs d'asile sont emprisonnés, sur 390000 présents dans le pays. D'autres subissent des traitements inhumains dans des lieux de détention tenus par des trafiquants. Dans les

prisons “officielles”, nous n’avons pour l’instant l’autorisation de nous adresser qu’aux ressortissants de sept nationalités (Irakiens, Palestiniens, Somaliens, Syriens, Éthiopiens s’ils sont oromos, soudanais du Darfour et érythréens). Ce qui signifie que nous n’avons jamais parlé à un Soudanais du Sud, à un Malien, à un Yéménite, etc. »

10. Selon Reece Jones, l’auteur de *Violent Borders : Refugees and the Right to Move,* paru en 2016, seuls quinze États avaient construit des murs ou grillages à leurs frontières en 1990 ; en 2016, ils étaient près de 70.

11. Taylor (2014), emplacement 786-789 ; j’emprunte à cet auteur la plupart des données sur l’immigration ci-après ; voir aussi Ted Widmer, « The Immigration Dividend », dans *International New York Times,* 7 octobre 2015 et, dans le même journal, 20 et 21 février 2016, David Brooks, « A little reality on Immigration ».

12. *Ibid.*, emplacement 2012-2014.

13. *Financial Times* du 8 octobre 2006 (John Lloyd, « Study paints bleak picture of ethnic diversity »).

14. Toutefois, il faut se garder de caricaturer la politique d’isolement – *sakoku* – comme un pur rejet de l’extérieur. Elle répondait également à de puissants impératifs de politique intérieure, en particulier à la volonté des *shoguns* du clan Tokugawa de couper les « barons » du régime – *daimyos* – de leurs sources de richesse extérieures. De même, des lectures culturalistes, comme l’imputation d’une « tradition xénophobe » ou l’opposition très structurante entre l’intérieur et l’extérieur – *uchi* et *soto* – dans la culture japonaise, ne sont pas des explications satisfaisantes.

15. *International New York Times* du 9 février 2017 (« In Japan, no angry populism »).

16. Je reprends ici à mon compte l'analyse de ma collègue et amie à Duke, l'anthropologue Anne Alison, *Precarious Japan*, 2013.

17. Severino et Ray (2010), p. 541 et 624.

18. United Nations Population Division (2000), p. 24.

19. Le coût d'un mineur est inférieur au coût d'un retraité, il varierait du simple au double selon certains experts (essentiellement en raison des dépenses de santé des retraités). Cependant, l'immigration africaine alourdit la facture du fait du nombre des immigrés mineurs et, aussi, de leurs plus grands besoins d'aide afin d'intégrer la société d'accueil.

20. Collier (2015), p. 125.

21. En octobre 2015, le Japon a mis le cap sur une politique nataliste ambitieuse, déclarée « priorité nationale ». La création d'un ministère chargé de « construire une société dans laquelle cent millions de personnes peuvent être actives » ne vise pas seulement à relever le taux de fertilité de 1,4 enfant par femme (le même qu'en Allemagne) à 1,8 (pas très loin de la France, avec 1,93). Au-delà, l'objectif est de renforcer la présence des femmes sur le marché du travail et de faciliter l'emploi des seniors, c'est-à-dire du nombre rapidement grandissant des plus de 65 ans.

22. En août 2013, le Pew Research Center a publié un rapport – *Living to 120 and Beyond : Americans' Views On Aging Medical Advances and Radical Life Extension* – pour explorer les bouleversements qu'entraîneront des vies centenaires pour les structures familiales et la distribution patrimoniale entre générations.

23. *Migration and Remittances. Factbook 2016* (3e édition) de la Banque mondiale : https://siteresources.worldbank.org/INTPROSPECTS/Resources/

334934-1199807908806/4549025-1450455807487/Factbookpart1.pdf

24. Collier (2015), p. 206.

25. Bayart (2010), p. 139.

26. Kohnert (2006), p. 3.

27. Évangile de Matthieu 23 : 27, où il est question des « scribes et pharisiens hypocrites » ; Joseph Conrad, dans *Au cœur des ténèbres,* se sert du « sépulcre blanchi » comme métaphore pour caractériser la civilisation européenne.

28. Gubert (2008), p. 45.

29. Appadurai (2006), p. 121 et 124.

30. Il s'agit d'un ordre de grandeur puisque les départs définitifs des États-Unis n'ont été enregistrés qu'à partir de 1908. Mais on sait que les femmes repartaient moins souvent que les hommes, et que le taux de retour variait grandement selon les nationalités. Les Irlandais (6 %), les Tchèques (8 %) et les Anglais (10 %) rentraient bien moins souvent chez eux que, par exemple, les Hongrois (49 %), les Croates (60 %) ou les Italiens du Mezzogiorno (61 %).

31. J'emprunte cette citation, ainsi que la suivante, au livre à paraître de Charles Piot.

Conclusion : *Des scénarios d'avenir*

1. La Banque mondiale (2017, p. 17) souligne « le fait que l'Afrique s'urbanise en restant pauvre – en effet, bien plus pauvre que d'autres régions en développement en atteignant un niveau comparable d'urbanisation ». L'Afrique subsaharienne est actuellement urbanisée à 37 %, avec un revenu per capita de tout juste 1 000 dollars. En valeur constante, l'Amérique latine et les Caraïbes ont dépassé ce niveau d'urbanisation en 1950 avec 1 860 dollars par habitant,

le Moyen-Orient et l'Afrique du Nord en 1968 avec 1 806 dollars et l'Asie de l'Est et le Pacifique l'ont atteint en 1994 avec 3 617 dollars per capita.

2. Interview sur France Info du 20 novembre 2015. Hervé Le Bras indiquait alors qu'en 2013, selon les chiffres de l'Insee, « 40% des naissances [en France] avaient un parent ou un grand-parent d'origine étrangère », http://geopolis.francetvinfo.fr/la-migration-dans-lhistoire-vue-par-le-demographe-herve-le-bras-86439

3. Cf. Vahlefeld (2017) ; l'auteur, comme beaucoup de médias allemands pendant ces événements, s'interroge sur la part qui relèverait de l'apurement des comptes du passé nazi – *Vergangenheitsbewältigung* dans le bon accueil réservé aux migrants.

4. Renaud Girard, *Le Figaro* du 4 juillet 2017 (« L'immense enjeu des migrations »).

5. Voir l'article dans *Le Monde* du 15 septembre 2017 de Frédéric Bobin et Jérôme Gautheret (« Entre Libye et Italie, petits arrangements contre les migrants »), ainsi que celui de Jason Horowitz dans le *New York Times* du 4 août 2017 (« Italy's "Lord of Spies" Takes On a Migration Crisis »).

6. « The Desperate Journey of a Trafficked Girl », *https://www.newyorker.com/magazine/2017/04/10/the-desperate-journey-of-a-trafficked-girl*

Bibliographie

[Les articles de presse référencés dans les notes de fin de volume ne sont pas repris ici ; les indications d'« emplacement » renvoient aux éditions électroniques sur *Kindle* ; quand des sources sont accessibles en ligne, le lien a été ajouté.]

Africa in Fact, revue publiée par l'ONG Africa Good Governance (août 2014, nº 25) : *Going to Town* (novembre 2014, nº 28) : *Making up the Middle*.

African Business (2015) : *African Cities* (numéro spécial, nº 1, *The Shape of African Cities*, p. 8-16).

Afro-Barometer (2008, Working Paper 100) : *The Trans-Atlantic Slave Trade and the Evolution of Mistrust in Africa : An empirical investigation* (2011, Working Paper 133) : *Too Poor to Care ? The Salience of AIDS in Africa*.

Ajavi, J.F. Ade, *L'Afrique au début du XIXe siècle : problèmes et perspectives*, dans Unesco, *Histoire générale de l'Afrique. VI. L'Afrique au XIXe siècle jusque vers les années 1880*.

Akpan, Uwem (2008), *Say You're One of Them*.

Alexander, Robin (2017), *Die Getriebenen : Merkel und die Flüchtlingspolitik : Report aus dem Innern der Macht*.

D'Almeida-Topor, Hélène, Coquery-Vidrovitch, Catherine et Goerg, Odile (1992), *Les jeunes en Afrique*, tome 1 (*Évolution et rôle, XIXe et XXe siècles*), tome 2 (*La politique et la ville*).

Allison, Anne (2013), *Precarious Japan*.

Allison, Simon (2014), « Counting Refugees in Conflict Situations », dans *Africa in Fact*, nº 21, p. 5-10.

Argenti, Nicolas (2002), *Youth as a Resource*, dans Alex de Waal et Nicolas Argenti, *Young Africa : Realizing the Rights of Children and Youth*.

Ariès, Philippe (1960), *L'Enfant et la vie familiale sous l'Ancien Régime*.

Baldwin, James (1962), « Letter from a Region in My Mind », dans *The New Yorker*, 17 novembre.

Banque mondiale (2017), *Africa's Cities. Opening Doors to the World,* rapport rédigé par Somik Vinay, Lall, J. Vernon Henderson et Anthony J. Venables, http://www.worldbank.org/en/region/afr/publication/africa-cities-opening-doors-world

Bawer, Bruce (2002), « Tolerating Intolerance. The challenge of fundamentalist Islam in Western Europe », dans *Partisan Review,* vol. 69, nº 3.

Bawer, Bruce (2006), *While Europe Slept : How Radical Islam is Destroying the West From Within*.

Bayart, Jean-François (2010), « L'Afrique "cent ans après les indépendances" : vers quel gouvernement politique ? », dans *Politique africaine,* nº 119, p. 129-157.

BBC (2015), *How Will A Population Boom Change Africa ?*, dans *The Inquiry*, 11 septembre 2015, http://www.bbc.com/news/world-africa-34188248

Betts, Alexander et Collier, Paul (2017), *Refuge : Transforming a Broken Refugee System*.

Beucher, Benoît (2009), « La Naissance de la communauté nationale burkinabé, ou comment le Voltaïque devint un "Homme intègre" », dans *Sociétés*

politiques comparées, Revue européenne d'analyse des sociétés politiques, n° 13.
Birg, Herwig (2001), *Die demographische Zeitwende – Der Bevölkerungsrückgang in Deutschland und Europe*.
Birg, Herwig (2014), *Die alternde Republik und das Versagen der Politik. Eine demographische Prognose*.
Birg, Herwig (2016), « Die Gretchenfrage der deutschen Demographiepolitik : Erneuerung der Gesellschaft durch Geburten im Inland oder durch Zuwanderung aus dem Ausland ? », dans *Zeitschrift für Staats- und Europawissenschaften (ZSE)*, n° 3, vol. 14, p. 351-377.
Bourguignon, François (2012), *La Mondialisation de l'inégalité*.
Brunel, Sylvie (2014), *L'Afrique est-elle si bien partie ?*
Carey, Martha (2006), *« Survival is Political ». History, Violence, and the Contemporary Power Struggle in Sierra Leone,* dans *States of Violence : Politics, Youth, and Memory in Contemporary Africa,* p. 97-127.
Césaire, Aimé (1935), *Négreries. Jeunesse noire et assimilation,* dans *L'Étudiant noir,* mars.
Charbit, Yves et Gaimard, Maryse (2015), *La Bombe démographique en question*.
Chasteland, Jean-Claude et Chesnais, Jean-Claude (2006), « 1935-2035 : un siècle de ruptures démographiques », dans *Politique étrangère,* n° 4, p. 1003-1016.
Central Intelligence Agency (2001), *Long-term Global Demographic Trends : Reshaping the Geopolitical Landscape,* https://www.cia.gov/library/reports/general-reports-1/Demo_Trends_For_Web.pdf
Cincotta, Richard, Engelman, Robert et Anastasion, Daniele (2003), *The Security Demographic : Population and Civil Conflict After the Cold War*.

Cincotta, Richard (2008-2009), *Half a Chance : Youth Bulges and Transitions to Liberal Democracy,* ESCP Report, nº 13, https://www.wilsoncenter.org/sites/default/files/ECSPReport13_Cincotta.pdf

Collier, Paul (2009), *Wars, Guns, And Votes, Democracy in Dangerous Places*.

Collier, Paul (2013), *Exodus : How Migration is Changing Our World*.

Cooper, Frederick (2002), *Africa since 1940 : The Past of the Presence. New Approaches to African History*.

Coquery-Vidrovitch, Catherine (1985), *Afrique noire. Permanences et ruptures*.

Debusman, Robert (1993), « Santé et population sous l'effet de la colonisation en Afrique équatoriale », dans *Matériaux pour l'histoire de notre temps*, nº 32-33, p. 40-46.

Ehrlich, Paul (1968), *The Population Bomb*.

Ferenczi, Imre (1938), « La Population blanche dans les colonies », dans *Les Annales de Géographie,* vol. 47, nº 267, p. 225-236.

Ferguson, James (2006), *Global Shadows : Africa in the Neo-Liberal World Order*.

French, Patrick (2008), *The World Is What It Is: The Authorized Biography of V.S. Naipaul*.

Gifford, Paul (1998), *African Christianity : Its Public Role*.

Goldstone, Jack, Kaufmann, Eric et Duffy Toft, Monica (2011), *Political Demography : How Population Changes Are Reshaping International Security and National Politics*.

Golaz, Valérie et al. (2012), « Africa, A young but aging continent », dans *Population and Societies*, nº 491.

Gubert, Flore (2008), « (In) coherence des politiques migratoires et de codéveloppement françaises. Illustrations maliennes », dans *Politique africaine*, nº 109, p. 42-55.

Gutmann, David (1988), *Age and Leadership : Cross-Cultural Observations*, dans *Angus McIntyre* (éd.), *Aging & Political Leadership*, p. 89-101.

Hardin, Rebecca (2011), « Concessionary Politics : Property, Patronage, and Political Rivalry in Central African Forest », dans *Current Anthropology*, vol. 52, p. 113-125.

Harding, Jeremy (2000), *The Uninvited*, dans *London Review of Books*, vol. 22, n° 3, https://www.lrb.co.uk/v22/n03/jeremy-harding/the-uninvited

Harding, Jeremy (2012), *Border Vigils : Keeping Migrants Out of the Rich World*.

Hart, Keith (1973), « Informal Income Opportunities and Urban Employment in Ghana », dans *The Journal of Modern African Studies*, vol. 11, n° 1, p. 61-89.

Headrick, Rita (1994), *Colonialism, Health and Illness in French Equatorial Africa*.

Hertrich, Véronique et Lesclingand, Marie (2013), « Adolescent Migration in Rural Africa as a Challenge to Gender and International Relationships : Evidence from Mali », dans *Annals* (juillet), p. 175-188.

Hochschild, Adam (1998), *Les Fantômes du roi Léopold. L'histoire d'un génocide oublié*.

International Crisis Group (2007), *La République centrafricaine. Anatomie d'un État fantôme*.

ICG (2015), *The Central Sahel : A Perfect Sandstorm*, Africa Report 227.

Ismail, Olawale (2009), « The Dialectics of "Junctions" and "Base" : Youth, "Securo-Commerce" and the Crises of Order in Downtown Lagos », dans *Security Dialogue*, vol. 40, n° 4-5, p. 463-487.

Jerven, Morten (2013), *Poor Numbers : How We Are Misled by African Development Statistics and What to Do About It*.

Karl, Kenneth (2000), « The Informal Sector », dans *The Courier*, vol. 178, p. 53-54.

Kenyatta, Jomo (1938), *Facing Mount Kenya*.

Knight, Franklin W. (1996), avec des contributions de Yusuf Talib et Philip D. Curtin, *La Diaspora africaine*, dans Unesco, *Histoire générale de l'Afrique. VI. L'Afrique au XIXe siècle jusque vers les années 1880*.

Kohnert, Dirk (2006), *Afrikanische Migranten vor der « Festung Europa »*, GIGA Focus, n° 12, https://www.giga-hamburg.de/de/system/files/publications/gf_afrika0612.pdf

Laqueur, Walter (2007), *The Last Days of Europe. Epitaph for an Old Continent*.

Last, Murray (2005), Towards a Political History of Youth in Muslim Northern Nigeria 1750-2000, dans Jon Abbink et Ineke van Kessel (éd.), *Vanguard or Vandals : Youth, politics and conflicts in Africa*, p. 37-54.

Leahy, Elizabeth, avec Robert Engelman, Carolyn Gibb Vogel, Sarah Haddock et Tod Preston (2007), *The Shape of Things To Come : Why Age Structure Matters to a Safer, More Equitable World*, http://www.populationaction.org

Leonardi, Cherry (2007), « "Liberation" or Capture : Youth in between "Hakuma", and "Home" during Civil War and its Aftermath in Souther Sudan », dans *African Affairs*, vol. 106, n° 424, p. 391-412.

Mahajan, Vijay (2008), *Africa Rising : How 900 Million African Consumers Think*.

Malan, Rian (2012), *The Lions Sleep Tonight*.

Manning, Patrick (2010), *African Population. Projections*, 1850-1960, http://www.manning.pitt.edu/pdf/2010.AfricanPopulation.pdf

Manning, Patrick (2013), *African Population, 1650-1950 : Methods for New Estimates by Region*, http://

mortenjerven.com/wp-content/uploads/2013/04/AfricanPopulation.Methods.pdf
Marshall, Ruth (2009), *Political Spiritualities. The Pentecostal Revolution in Nigeria*.
May, John et Guengant, Jean-Pierre (2014), « Les Défis démographiques des pays sahéliens », dans *Études*, nº 4206, p. 19-30.
Mbembé, Achille (2016), *Politiques de l'inimitié*.
McGovern, Mike (2011), *Making War in Côte d'Ivoire*.
Michaïlof, Serge (2015), *L'Africanistan. L'Afrique en crise va-t-elle se retrouver dans nos banlieues ?*
Millman, Noah (2015), *The African Century*, sur politico.com (5 mai), http://www.politico.com/magazine/story/2015/05/africa-will-dominate-the-next-century-117611
Mudimbé, Valentin (1988), *The Invention of Africa – Gnosis, Philosophy, and the Order of Knowledge*.
Museveni, Yoweri (1997), *Sowing the Mustard Seed. The Struggle for Freedom and Democracy in Uganda*.
Naipaul, V.S. (1983), *A Prologue to an Autobiography*.
Null, Schuyler (2011), *One in Three People Will Live in Sub-Saharan Africa, Says UN* (New Security Beat, 8 juin), https://www.newsecuritybeat.org/2011/06/one-in-three-people-will-live-in-sub-saharan-africa-in-2100-says-un/
Ogawa, Naohiro *et al.* (2008), *Japan's Unprecedented Aging and Changing International Transfers*, présentation à la conférence « The Demographic Transition in the Pacific Rim », Séoul, 19-21 juin, http://ntaccounts.org/doc/repository/OMCM%202008.pdf
Olopade, Dayo (2014), *The Bright Continent. Breaking Rules and Making Change in Modern Africa*.
Organisation mondiale pour les migrations (2014), *Fatal Journeys. Tracking Lives Lost during Migration*

Packer, George (2006), « The Megacity. Decoding the chaos of Lagos », dans *The New Yorker*, 13 novembre, http://www.newyorker.com/magazine/2006/11/13/the-megacity

Radelet, Steven (2010), *Emerging Africa : How 17 Countries Are Leading the Way*.

Richburg, Keith (1997), *Out of America. A Black Man Confronts Africa*.

Sauvy, Alfred (1946, rééd. 2016), « Évaluation des besoins de l'immigration française », republié dans *Population*, vol. 711, p. 15-22.

Schmitz, Jean (2008), « Migrants ouest-africains vers l'Europe : historicité et espaces moraux », introduction au thème « Migrants ouest-africains : miséreux, aventuriers ou notables ? », dans Politique africaine, nº 109, p. 5-15.

Severino, Jean-Michel et Ray, Olivier (2010), *Le Temps de l'Afrique*.

Sommers, Marc (2006), *Youth and Conflict. A brief review of available literature,* USAID, http://www.crin.org/en/docs/edu_youth_conflict.pdf

Sommers, Marc (2015), *The Outcast Majority : War, Development, and Youth in Africa*.

Smith, Stephen (2015), *The Elite's Road to Riches in a Poor Country,* dans Tatiana Carayannis et Louisa Lombard (éd.), *Making Sense of the Central African Republic*, p. 102-122.

Spinks, Charlotte (2002), *Pentecostal Christianity and Young Africans*, dans Alex de Waal and Nicolas Argenti, *Young Africa : Realizing the rights of children and youth*.

Sullivan, Rachel (2003), *Managing Modernity : African Responses to Rapid Population Growth,* doctorat en sociologie à l'université de Berkeley, Californie.

Tabutin, Dominique (2007), *Les Relations entre pauvreté et fécondité dans les pays du Sud et en Afrique subsaharienne. Bilan et explications,* dans Benoît

Ferry (sous la dir.), *L'Afrique face à ses défis démographiques. Un avenir incertain,* p. 253-285.

Tilly, Charles (2007), *Democracy*.

Time Magazine (1964), *Africa. Who is safe ?* (portrait de Julius Nyerere), 13 mars.

United Nations Population Division (1999), *The World at Six Billion,* http://www.un.org/esa/population/publications/sixbillion/sixbillion.htm

United Nations Population Division (2000), *Replacement Migration : Is It a Solution to Declining and Ageing Populations ?*, http://www.un.org/esa/population/publications/migration/migration.htm. *Les Migrations de remplacement : s'agit-il d'une solution au déclin et au vieillissement des populations ?* Résumé analytique en français : http://www.un.org/esa/population/publications/migration/execsumFrench.pdf

United Nations Population Division (2015), World Population Prospects. The 2015 Revision, https://esa.un.org/unpd/wpp/

Vahlefeld, Markus (2017), *Mal eben kurz die Welt retten. Die Deutschen zwischen Grössenwahn und Selkstverleugnung*, préface de Henryk M. Broder.

Vellut, Jean-Luc (1996), *Le Bassin du Congo et l'Angola,* dans Unesco, *Histoire générale de l'Afrique. VI. L'Afrique au XIXe siècle jusque vers les années 1880.*

Vennetier, Pierre (1976), *Les Villes d'Afrique tropicale*.

Remerciements

Écrire ce livre a été un plaisir et un privilège, grâce à deux amis de longue date : Olivier Nora et Ronald Blunden. L'un m'a procuré le confort de sa belle maison, Grasset, le concours d'une équipe de grands professionnels et une expertise exigeante (merci à Pierre Marlière pour sa relecture du manuscrit). L'autre, directeur de la communication du groupe Hachette, a remis la main à la pâte par pure envie – désintéressée – du débat d'idées, quitte à faire des « crochets » chez moi, en Caroline du Nord. Tous deux ont été très généreux de leur temps et de leurs conseils. Je leur en suis profondément reconnaissant. Nous avons partagé notre passion de l'écrit, le respect des faits et la recherche de l'argument probant, capable d'emporter la conviction. Comme il se doit, j'assume seul le résultat. Je le sais imparfait par rapport à l'entente qui l'a vu naître.

Je voudrais aussi reconnaître ma dette à l'égard de Richard Cincotta, le directeur des études démographiques du Stimson Center à Washington D.C. Avec patience et gentillesse, il m'a fait entrer dans son domaine. Je lui dois ma découverte de la « géographie humaine ».

Je tiens également à remercier Charles Piot et Achille Mbembé. Ensemble, nous avons organisé deux conférences à Duke sur les migrations internationales, surtout africaines. Elles ont réuni des chercheurs d'Afrique, d'Europe et d'Amérique auxquels ce livre doit beaucoup. Merci aussi à Pierre Briand, pour son témoignage sur les migrants aux portes de Paris, qu'il aide.

Enfin, je pense avec gratitude à tous les migrants africains – sur leur continent, en Europe ou aux États-Unis – qui m'ont parlé de leur condition. Ils m'ont mis sur le chemin qui a abouti à ce livre.

Table

Marie France Bollassa
(Au château de l'ogre)
Bollassa 1er (Steffen 1er)

12617

Composition
PCA

Achevé d'imprimer en Espagne
par CPI *(Barcelone)*
le 1er avril 2019

Dépôt légal : mai 2019
EAN 9782290207468
OTP L21EPLN002569N001

ÉDITIONS J'AI LU
87, quai Panhard-et-Levassor, 75013 Paris

Diffusion France et étranger : Flammarion